雲林囝仔奮鬥記

國策顧問譚量吉感恩的人生

譚量吉◎著

《雲林心　雲林情　吾愛吾鄉》出版紀念

澤惠桑梓

馬英九

中華民國一〇五年三月

英九

用箋

國策顧問譚量吉傳記專書

雲林心 雲林情 吾愛吾鄉付梓

為國獻替 堅忍圖成

嘉惠鄉邦 雲情高風

宋楚瑜

國策顧問譚量吉傳記專書
「雲林心 雲林情 吾愛吾鄉」付梓

造福桑梓
居功厥偉

秦金生敬題

推薦序

成功的人生 台灣的見證

譚量吉先生著作《雲林囝仔奮鬥記》乙書，不只是量吉先生大半生奉獻鄉梓與國家的紀錄，更是台灣社會七十年來歷經戰爭、光復與建設、繁榮的見證。

量吉先生幼失怙恃，與外祖母相依為命，備極艱辛。那正是二戰末期，台灣社會因戰爭而資源匱乏的年代縮影。

十六歲時，他離家工作，那一年，正是西元一九四九年（民國三十八年），國民政府播遷來台，而量吉先生以學徒收入，之後又半工半讀在夜校完成學業，正是光復後國人奮發精進之寫照。

民國七十年，量吉先生事業有成，榮獲「十大傑出企業家」榮銜，那正好是台灣經濟起飛的年代，「台灣奇蹟」就從那個時候開始。

作為一個成功的企業家，量吉先生投身社會服務，尤其熱心於服務鄉梓，頒發清寒子弟獎助學

金，「要給孩子一個改造未來的機會」。

這種「達則兼善天下」的性格，種下馬總統高度肯定他，特敦聘他擔任國策顧問的因緣。也是令敦義深為欽佩之所在。

前副總統

吳敦義

推薦序

由「感恩之心」引發「回饋之情」

孟子說：「天將降大任於斯人也，必先苦其心志，勞其筋骨，餓其體膚，空乏其身，行拂亂其所為，所以動心忍性，增益其所不能。」這話以台灣來講，對於站在「風頭水尾」的雲林海口人來說，可以說非常的令人感傷，因為不這樣與天爭命，絕不可能有出人頭地的一天；而在眾多雲林俊彥當中；國策顧問譚量吉先生，可以說是一位代表性的人物。

不自棄無怙恃，不自餒於孤苦，與外祖母相依為命，堅苦卓絕的成長，皇天不負苦心人，在一枝草一點露的覺悟中，創造了貧苦人家的輝煌，終因表現傑出，榮獲中華民國第七屆十大傑出企業家名銜。揚眉吐氣，光耀門庭。一時無出其右者。

毫無疑問地，量吉先生的經歷，足以作為貧寒子弟力爭上游的榜樣；不只如此，他的回饋社會精神，也足以作為一般社會大眾的楷模。而十分難能可貴的，是量吉先生有己立立人、己達達人的偉大胸襟，能夠把自己成功的經驗毫不保留的付梓成書，提供給社會做借鑒。

《雲林囝仔奮鬥記》雖說是作者個人的傳記專書，然而它主要陳述的，倒不是著重在個人事業成就或成功經驗的顯擺，而是「感恩的心、回饋的情」。以一個離鄉六十年的人，一般來說早已是把他鄉當作故鄉，然而量吉先生在字裡行間，念念不忘雲林麥寮海口，隨著外祖母與六個孤苦伶仃的孩子，在極度貧窮匱乏中，相依為命，三餐不繼，吃不飽、穿不暖，卻仍在那惡劣的環境中琢磨長大，對這片土地的情，永遠存著感恩之心，這是一般人不容易做到的。由「感恩之心」引發的「回饋之情」就更令人感動了。在量吉先生奔走推動下，八十七年又彙聚一群離鄉背井、旅外打拚的雲林鄉親創辦「雲林鄉親同心會」，八十八年五月成立了「中華民國雲林同鄉總會」，九十一年十一月廿四日更籌組成立「財團法人雲林同鄉文教基金會」。這種聯誼旅外同鄉的投入；這種家鄉有難，「愛心送雲林」的投注；這種嘉惠鄉親子弟，提升雲林文教水準的投資；在在都把量吉先生回饋故鄉的感情表露無遺。

當然一本近三百頁的巨作，並非寥寥幾句就能道盡其中精義，至盼的是人手一冊的親自閱讀，則不枉量吉先生刊印本書的一片苦心，謹為之序。

前立法院院長

王金平

推薦序

善行義舉持續發揚光大　造福人群

雲林縣麥寮鄉是一個濱台灣海峽的鄉村，民風純樸，居民多以農牧及漁業為生，近年隨著石化工業區的設立，開始朝向新興的港市發展。在早年，因沿海地區土壤鹽分較高，復加海風吹拂，可耕種作物種類受到相當大的限制；且地處偏僻，屬經濟發展相對落後的鄉村，資源匱乏，居民生活普遍困苦，謀生不易，以致鄉內子弟常須離鄉背井至都市就學及工作。量吉國策顧問（以下簡稱顧問）即是在此種環境中成長，他自幼失怙無恃，與兄姊及外祖母相依為命，生活極為貧苦。十六歲時幸賴同鄉長輩提攜，離鄉工作，並且以堅定的信念半工半讀，因堅毅奮發、努力好學，獲得親友協助開始經營金屬工業事業，他誠信認真，努力拚搏，終於有成。所製造的產品銷售國內外，為國家賺取大量外匯，獲頒中華民國第二屆中外產品金牌獎暨中華民國第七屆十大傑出企業家殊銜，光耀門庭，揚名鄉梓。

量吉顧問不畏出身貧寒，勤勉堅毅，天道酬勤，事業有成，令人讚許；更讓人敬佩的是他在經商之餘不忘回饋故里，造福社會，熱心服務，不遺餘力。於民國七十一年接任「三重國際青年商會」會長一職，積極投入社會公益，以及獲選第五屆「台北縣雲林同鄉會」（現為「新北市雲林同鄉會」）理事長，並於七十三年連任。為提升服務雲林同鄉聯誼之範圍，他發起籌組「台灣省雲林同鄉總會」，於八十八年通過立案（按：現為「中華民國雲林同鄉總會」），並擔任創會總會長，開啟造福雲林鄉親的公益大業。

「教育是人類升沉的樞紐」，量吉顧問因幼年家境困頓，對此有特別深刻的體認。尤其教育是國家的百年大業，除提供個人生存的技能外，更是促進國家進步、社會向上提升的動力，因而他將推展公益的主軸放在教育層面。首先，於八十五年成立「金緣全家福聯誼會」，宏揚倫理教育，散播博愛精神；其次於九十一年籌組創立「財團法人雲林同鄉文教基金會」並擔任董事長。秉持「服務鄉親、關懷社會、嘉惠鄉親子弟，提升雲林文教水準」的宗旨，集結會眾鄉賢的愛心，先後舉辦四屆「雲林金篆獎」書法比賽暨四屆「勤樸獎」全國雲林籍百萬清寒績優子女獎助學金，針對最需要幫助的弱勢或急難家庭，及時濟弱扶貧，伸出援手，讓品學俱佳、有心向上的好學生，免於後顧之憂，能安心專注的成長與學習。另於一〇三年起舉辦「雲之鄉」冠名獎學金，獲得各界及鄉親賢達熱烈響應，短時間內即募得七五六萬元捐助基金，計有二五二名雲林籍學子受惠，勵學助人，嘉惠雲林子弟，績效斐然。

公益工作緣自人的善性，量吉顧問本著善良敦厚之愛心，以其優異的經營成就，服務人群，貢獻社會，廣受推崇，先後獲台灣省政府、雲林縣政府、新北市政府、聘為顧問，更於民國一〇〇年榮獲總統聘為國策顧問，誠屬德孚眾望，實至名歸。量吉顧問現將其人生經驗及努力奮鬥的心得，著文成書，勉勵年輕學子力爭上游、關懷社會，感恩惜福的悲憫情懷，溢滿書中，殊值感佩。大作問世，浩敏謹以芻言為序，除致上敬意之外，衷心期盼善行義舉持續發揚光大，造福人群。

司法院院長

賴浩敏

推薦序

飲水思源　功同再造

譚國策顧問量吉先生是少見的從人飢己飢之心，充分發揮自我能量，廣布施於故鄉暨台灣寶島的企業家，其行誼實值得喝采及效法。

先生出生於二次世界大戰時的雲林麥寮，「風頭水尾」的貧瘠，於豐年尚且不易餬口，何況遭逢戰亂，更是難以度日。而年幼即失怙失恃的孤貧，小小年紀即離鄉背井，來到北部，以半工半讀方式完成基本的學程。在鄉親們的提攜，以及自我堅忍求進的歲月，逐步在機械、貿易領域打下誠信的基礎，其產品遍銷歐、美各國，且深獲好評，堪稱是青年創業的楷模，並因此榮獲中華民國第七屆十大傑出企業家的榮譽。此後，譚國策顧問更再接再厲，與時俱進擴充公司之規模，再獲中華民國第七屆十大公司之殊榮。顯見其一路刻苦篤實經營之成功，絕非偶然。

譚國策顧問經商有成，即開始積極參與公益活動，對於雲林同鄉總會之創會與付出，尤其盡心盡力；不管是撫幼恤貧，抑或是獎掖後進，提供獎助學金或是就業的協助，只要求助於他，皆是有求必應。因此，在大台北區，乃至故鄉雲林，譚國策顧問的善名，早已廣為人知。

一般人經商有成，與政治人物難免有所交往，甚或就直接參選，以求事業的更加興旺；但是，譚國策顧問與政界的交往，卻是為了擴大服務能量，以嘉惠社會暨故鄉子弟。財團法人雲林文教基金會的誕生，即是在此一情況下，集合眾雲林事業有成子弟的一座功德林。十數年來造福無數，具體實踐了人溺己溺的大同理想，譚國策顧問對於很多雲林子弟，可謂是恩同再造。

譚國策顧問之行誼，顯示心懷感恩、推己及人、回饋故鄉的偉大情操，雲林有幸，有現代菩薩的庇蔭；台灣寶島，期待有更多飲水思源，功同再造的鄉親，戮力投入。台灣社會最美的風景，就是醇厚如斯的人文。

監察院院長

張博雅

推薦序

台灣精神的腳步

量吉兄，是老朋友，是好朋友。相信，很多人都和我有同感。有一句話說：「如果你想估算一下自己的價值，數一數自己的朋友吧！」從這個角度來看，量吉兄的價值恐怕難以估算。

稱他為老朋友，因為彼此已認識很久，不敢說是同甘共苦，卻也共同經歷許多美好的故事。稱他為好朋友，因為真正的朋友總是考慮別人的需要，而不是提出自己的要求。量吉兄就是這樣的人，多次請他幫忙，他都是義不容辭，其實他對所有朋友，也都是如此。他出身貧寒，事業有成之後，不僅熱心公益，朋友有需要，他都會誠心幫助。

量吉兄的一生，其實就是台灣精神的腳步。他出身貧寒，卻不認命，力爭向上，終於成功開拓一番事業。他儘管事業成功，卻不自滿，充滿感恩之心，積極回饋社會，尤其是成立各類獎學金，鼓勵後進不遺餘力。我在量吉兄身上所看到的，就是台灣人勤勞、善良、謙虛、關懷的美德，這些都是台灣精神的元素。他的傳記，就是台灣精神的腳步、台灣精神的故事，值得年輕人效法學習。

量吉兄要我寫序，身為好友，自然義不容辭，但量吉兄的特色，又豈是一篇短序所能道於萬一，只能勉為點綴而已。

考試院院長

伍錦霖

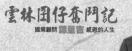

推薦序

正港的「雲林之光」

量吉兄是我相當敬重的一位摯友，出身寒門，堅忍打拚，事業有成，樂善好施，廣結善緣，急公好義，忠黨愛國，他在工商界的歷練成就與社會公益上的貢獻，更是眾所皆知，人人稱道。

這本《雲林囝仔奮鬥記》，不僅是量吉兄的個人奮鬥史，更為時下年輕人樹立力爭上游的標竿。在量吉兄出生的一九四〇年代，正是台海局勢緊張且充滿煙硝的年代，當時雖已抗戰勝利，但接踵而來的國共內戰，卻使得光復後的台灣，社會不安，通膨嚴重，人民生活極其困苦。在整體經濟環境不佳的情況下，又逢量吉兄的父母接連過世，生活無疑是雪上加霜，由外祖母一手帶大，自幼就必須分擔家務，田裡的農事不說，國小畢業便必須出門兜售枝仔冰貼補家用，但是量吉兄並沒有被命運擊倒。雖然出社會極早，但在擔任機械廠學徒期間，仍把握機會半工半讀，除在工作上努力打拚，下班後更在學習上努力充實自我。皇天不負苦心人，經過多年的努力，不僅創建了在業界頗負盛名的公司，更當選第七屆十大傑出企業家。

因為走過困苦的日子，對於窮苦人家的處境特別感同身受。量吉兄出身雲林，相對於台灣其他縣市，是較為貧困的地區，在鄉里情懷驅使下，從雲林開始了他的公益事業。除了創設雲林同鄉總會，凝聚旅外鄉親的力量，積極服務鄉親外，更篤信「教育是窮孩子改造未來的機會」，憑著這股信念，以雲林旅外各縣市的同鄉會為主體，籌組文教基金會，大力籌集獎助學金幫助弱勢家庭的孩子，至今受惠的雲林子弟不計其數。許多受過幫助的孩子們於功成名就後回饋鄉里，形成一股良性的循環，利他精神因此逐漸扎根鄉里。雲林鄉親一提到量吉兄的大名，無不豎起大拇指，稱讚這位真心照顧雲林子弟、服務鄉親的好楷模，對他事業成就之餘為鄉親付出，犧牲奉獻的精神非常感動。

有影響力的人，往往不是最有權勢的人，而是最令人感動的人。量吉兄身體力行，實踐慈悲與關懷，其愛鄉愛土的情操，散發一股風範、形塑高尚人格，吸引著無數鄉親共同投入社會公益，不僅成為青年學子的榜樣，也讓正向的能量有如同心圓般一層層傳遞出去。但願這本《雲林囝仔奮鬥記》，能讓更多人看見：人格的價值不在富貴，而是在服務人群、回饋鄉里與造福桑梓；生命的意義不在坐擁山林，而是在付出與關懷。量吉兄領導服務社團三十餘年，南北奔波，團結鄉親投入

社會公益，廣結善緣，實至名歸，除了獲頒各項公益事蹟獎章或獎狀外，更獲得總統府聘為國策顧問，可說是正港的「雲林之光」，為後輩立下的優良典範，值得敬佩，願與所有讀者共勉之。

海基會前董事長

林中森

推薦序

純樸堅毅的雲林子弟

「出外人本錢是打拚，志氣是唯一的靠山。」一首「人生公路」，道盡了異鄉遊子出外打拚的心情。

量吉先生自小命運多舛，但量吉先生並未放棄自己，以自己的方式堅定信念，一步一步充實自我，始終相信會有成功的一天，雲林子弟的純樸堅毅使量吉先生在人生道路上漸漸邁向成功，年紀輕輕即成為享譽國內外的企業家。

崔瑗名言有云：「施人慎勿念，受施慎勿忘。」量吉先生出外打拚的過程中，受到許多貴人的恩惠，一點一滴都銘記在心，事業的成功並不讓他忘本，反倒是盡自己力量關懷社會弱勢，尤對「教育」更是不遺餘力，先後創立「中華民國雲林同鄉總會」、「財團法人雲林同鄉文教基金會」等社團，以及提供獎學金等善舉。量吉先生就像一位農夫，積極地灌溉、施肥，守護著每一棵希望的幼苗，待其茁壯成長，成為國家下一世代之棟樑。

本市升格之時，聘任量吉先生為新北市政府市政顧問，為新北市經濟、社會等各層面奉獻良多。此本自傳的問世，希冀能藉由量吉先生成功奮鬥的故事，激勵年輕莘莘學子，做人當刻苦、勤勞、不放棄，保有台灣囝仔的勤樸本質，並時時關懷社會角落，創造台灣更加堅強美好的未來。

新北市市長

朱立倫

推薦序

無私奉獻　值得借鏡的精神

拜讀《雲林囝仔奮鬥記──國策顧問譚量吉感恩的人生》大作，量吉兄秉持「斯土斯民之情感、吾愛吾鄉之情懷」，凝聚雲林鄉情，深化後輩對生長鄉土之情感，以親身經歷激勵後進，並於經濟、文化與教育等各個層面，為雲林子弟開啟了不同的機會之窗，將「取諸社會、用諸社會」的精神表露無遺。

量吉兄為佳龍雲林麥寮同鄉，出身貧困家庭，離鄉背井步履各種艱苦環境與挑戰，以堅忍不拔之精神開拓今日事業之成就。即使身處他鄉，仍不忘故土之情，懷惜福感恩之心，持續創辦社團，出錢出力、積聚鄉情，獎掖後進，為雲林鄉親給予不同的協助，於教育方面，更是不遺餘力，為雲林清寒學子排除經濟障礙，讓他們能持續在夢想的道路上奔馳。

這樣的精神相當值得佳龍借鏡。台中是許多縣市民眾選擇移居的城市，他們離鄉背井來到台中

打拚，懷抱著不同的夢想而努力，不論是台中市民或者是外縣市來的民眾，他們選擇定居台中，佳龍就有責任給他們最好的生活環境。有感大家的期待，佳龍上任以後特別要打造台中成為全台最適合「宜居」的樸實城市，作為重要施政目標，所以不僅在社福、文化、交通、環保、都市發展各方向，推出各項新政策與建設，樣樣都希望提升市民生活的便利與尊嚴的品質，希望台中成為真正對「兒童、青年、婦女、老人」友善的宜居城市，讓所有市民以居住台中為榮，成為旅居在外鄉親們的第二故鄉，這個理念與量吉兄的提攜及追求公益之價值相符。

量吉兄大作玉成，堪稱「雲林之光」，佳龍謹致上崇高之賀忱；盼無私奉獻之精神能淵遠流長，竭盡誠摯之心，繼續奉獻無私，為子民再創未來的幸福，讓社會更美好與光亮。

台中市市長

林佳龍

推薦序

長期熱心公益的「雲林之光」

民國八十九年，時任南投縣警察局局長的我與譚量吉會長，都是雲林同鄉會的成員。認識譚會長後發現，他不是只有對雲林同鄉會熱情參與，無論他參加哪一個社團，都非常用心且熱中會務、熱心公益、慷慨捐助資源。即使我已奉調到高雄市服務，每個月高雄市雲林同鄉會的定期餐會、會員大會或是理監事會，譚會長都一定到場親自來鼓勵、來打氣。

在我們這些雲林同鄉會理監事家裡的婚喪喜慶場合，幾乎也都會看到譚會長熟悉的身影。記得家母往生時，當時我與他才剛認識，僅見過幾次面，但他百忙中排除萬難，親自參加家慈的公祭典禮，給予我們家屬安慰，令俊章感動不已！此外，前年愛女依姍出嫁時，他亦不遠千里專程從台北南下參加婚禮，把我的事情當成是他自己的事情，所以，我們成為很好的朋友、兄弟。

譚會長創辦雲林同鄉文教基金會並擔任會長，我獲邀成為基金會的董事。深知年少失學遺憾

的他發揮大愛，藉由基金會舉辦「金篆獎」，將雲林鄉親子弟的書法比賽和藝術展覽，辦得有聲有色；更提供百萬獎助學金「勤樸獎」用以獎勵品學兼優，家境清寒的雲林鄉親子弟勤勉向學；近年又發起「雲之鄉」全國雲林籍冠名獎學金，名額高達二五二名，除了出錢獎勵後進，也給予鄉親一個溫暖的歸屬感。

譚會長常講「風頭水尾」，形容家鄉環境位處困境和逆境，風力強勁、無水灌溉。許多雲林人就像譚會長一樣，昔日從「風頭水尾」的故鄉來到都市，共同打拚至小有成就，所以許多來到北部的雲林人相當團結，尤其是在雲林子弟、鄉親最多的三重地區。我認為，三重地區的雲林人之所以如此有凝聚力，譚會長的提攜與照顧，功不可沒。早期來到三重發展的他，積極投入同鄉會的活動，由於他的持續推動，全國各縣市不斷成立雲林同鄉會，且每一處在舉辦活動時，他都會去鼓勵、期勉會員，增進彼此間的情感融洽。

在俊章心目中，譚會長一直是個做人誠懇、做事踏實的人，一步一腳印，逐漸累積他人生的深厚資歷，不僅事業做得成功，自己孩子的教育也很成功。譚會長無私的將自己的資源用來鼓勵與凝聚雲林鄉親，且一直以雲林為榮，大家都相當欽佩與尊敬他。譚會長應可說是雲林鄉親們的典範，堪稱「雲林之光」。

譚會長因為長期熱心家鄉公益，深受鄉親愛戴，德高望重的他，眾望所歸地獲聘為總統府國策顧問，期間為國家社會、為雲林鄉親勇敢建言，嘉惠地方，建樹頗多。無論是雲林鄉親，或是親朋好友，只要遇到困難，譚會長都會帶頭登高一呼，邀集眾人出錢出力，協助度過難關。恭喜譚會長將熱心助人、精彩豐富的一生，出版《雲林囝仔奮鬥記》，字字珠璣、感人肺腑、激勵人心、造福社會。

前內政部警政署副署長

蔡俊章

捨己為人的國策顧問

個人在民國九十八年十月間，受摯友之約，至台北市某餐廳，參加「雲林鄉親同心會」的聚會，會中第一次親睹譚顧問的風采。當次見面之前，即熟知他對雲林鄉親及社會各界的諸多貢獻。但僅知他事業有成，行有餘力時，積極從事公益，不斷接濟弱勢人士及貧困學生的輝煌事蹟；而對他的成長、創業遭遇諸多困難險阻的故事，則非常陌生。

雲林縣屬單純農業縣，工商業停滯不前。凡從事農業耕作，真的要靠天吃飯。有時當農作物即將採收，突然來場大風雨，所有的收成頓時泡湯，投入的種子成本及人工費用虧損殆盡；若逢風調雨順，慶幸大豐收，則農產物價格必降，所得仍然不多。而農民普遍教育程度低，不懂如何計畫生產，除購物價格由商人訂定，即使出售農作物，價格也是商人出價，兼以政府不重視農業，農村基礎建設偏少，就業機會缺乏，生活自然困窘，因此人口大量外流，馴至農村顯得荒涼、死寂，似不見復甦之日。然正因為雲林農村子弟處境維艱，反而孕育了剛毅不屈、不怕苦、能耐勞且勤儉的打拚精神。

譚顧問就出生在雲林縣麥寮鄉，上述的物質缺乏，欠缺就業機會，他一樣也沒有比別人少，且他更為不幸的是，二歲喪父、三歲喪母，在懵懵懂懂的年紀就失去父母親，乃與三位姊姊、二位哥哥跟著外祖母相依為命。其歷經之慘狀，令人唏噓之情，筆墨難以形容。譚顧問因身歷困境，深切感受唯有靠一己之力，奮發圖強，始有成功機會。乃本諸雲林人不怕苦、能耐勞且勤儉的打拚精神，十六歲即離鄉背井至台南之機械廠當學徒，二十四歲轉到三重地區創業，秉持誠信、追求高品質和服務至上的三大原則，逐步打開國內、外市場，為國家賺取大量外匯，先後獲頒「中華民國第二屆中外產品金牌獎」及「中華民國第七屆十大傑出企業家」等榮銜，成就了他的非凡一生；為其自己及家族，也為雲林同鄉揚眉吐氣，是吾人非常尊敬的偶像，更是眾人應該學習的對象。

出身自窮鄉，年少時身處極端困境的譚顧問，在家庭美滿、事業有成之後，除對社團、公會及家長會等團體出錢出力外，更深懔教育對年輕人的重要性。有鑑於雲林農村的青年子弟，受限於經濟不裕，常有無法就學之憾事發生，遂為了提升雲林文教水準，為了「要給窮孩子一個改造未來的機會」，乃於九十一年十一月二十四日創立「雲林同鄉文教基金會」，已先後舉辦四屆「雲林金篆獎」、四屆「勤樸獎」及一屆「雲之鄉冠名獎學金」，受惠學子已達數百人，為其自己及後代，累積了無限的功德。

譚顧問事業有成，且對社會公益貢獻良多，於建國百年之時，榮獲馬總統聘任為總統府國策顧問，名噪一時，為譚府光耀門楣，雲林同鄉亦與有榮焉。其擔任國策顧問期間，終年馬不停蹄，走訪各界意見領袖，利用參與「總統與國策顧問座談會」的機會，鏗鏘有力的向總統提出應興應革具建設性之建議案，深獲總統府重視。譚顧問在日夜忙碌不堪情形下，猶不忘為生民請命，尤令人尊敬。

欣聞譚顧問擬將其「從困境出發到奉獻社會」的歷程，寫成個人傳記專書《雲林囝仔奮鬥記——國策顧問譚量吉感恩的人生》。來函邀稿共襄盛舉。感動之餘，乃不揣譾陋，本於同鄉之誼，且多年來受其關照之情，爰敬謹敘明個人對譚顧問由衷尊崇的緣由，以表謝意於萬一。

前台灣高等法院台中分院院長

洪文章

推薦序

普獲肯定的熱忱

譚國策顧問量吉兄，雲林縣麥寮鄉人，生於民國三十三年。雲林縣是當年台灣全省最為貧困的縣市，而麥寮鄉又是雲林全縣最為困苦的鄉鎮；時值第二次世界大戰末期、日本敗象已露之際，台灣社會動盪不安、物資缺乏、民生困苦，前途茫茫，已至非筆墨所能形容、非親身體驗者不能相信之地步。

量吉兄在這樣的年代生於這樣的地方，其所受困苦與磨練想像可知。但這種生活沒有打倒他、挫敗他，反而使他更有勇氣、更努力向上、更勇敢邁進，他決定離開溫暖的家、離開熟悉的家鄉，離鄉背井，舉目無親，事事得靠自己打拚，先到台南再到北部打天下，經過多少歲月，終於拚出屬於自己的一片天，有了可以立足的小天地。

這時，量吉兄推己及人，他不忘本、不忘當年的辛苦，沒有私心，回想家鄉還有多少像他當年

一樣的青少年，甚至在北部還有多少像其過去需要得到鼓勵與照顧的鄉親，於是，毅然決然投入其中，號召志同道合之士，於七十二年發起旅北雲林同鄉會的組織，協助與鼓勵旅外鄉親，慢慢擴及鄰近各縣市，最後，終於普及全國，這就是中華民國雲林同鄉總會的由來，雲林鄉親同心會及雲林同鄉文教基金會的成立亦無不如此。

俗話說：「善有善報」，又說：「人在做，天在看」，其關心社會、熱心服務的熱忱與作為，終於獲得大家的肯定與稱讚，事為總統馬英九所悉，馬總統肯定其所作所為，為嘉勉其志氣，乃於一〇〇年聘任為國策顧問，協助推行國政，以伸其志。

譚國策顧問為善盡職責，而於各縣市設立服務處，蒐集民間實情與意見，隨時反映給政府，其認真、負責的態度為前所未見，今後恐亦無來者。

余與譚國策顧問既在同年代出生，又同生於麥寮鄉，在家兄擔任麥寮鄉長期間，其兄長亦擔任祕書服務鄉民，同為麥寮地方之發展努力，合作無間，情同手足，令人感激。

敬賀譚國策顧問量吉兄大作《雲林囝仔奮鬥記——國策顧問譚量吉感恩的人生》出版，特綴數語，對其奮鬥不懈、認真負責、勇往邁進之精神，愛社會、愛國家、熱心公益之熱忱，表示敬佩與祝賀。

前監察委員

林秋山

推薦序

為雲林精神喝采　向同鄉典範致敬

跟隨譚董事長略盡雲林子弟綿薄之力已多年，有幸先睹譚董事長這本專書後，印證譚董事長為雲林榮耀之一，乃實至名歸。

一個貧窮家庭的小孩完成高等教育的歷程，那種艱難、心酸是非親身體驗者所能領悟的，「寒天飲冰點滴在心」道盡了我的心聲；所幸一生的歷程中有很多貴人相助，讓我這「窮小子」得以順利受完高等教育，而能有所回饋、奉獻的機會，感念親長、諸多恩人及社會的照顧、提拔，數十年來未敢或忘隨時關注鄉里、雲林鄉親所需的各項協助，就這樣而在譚董事長所墾殖的這個福田裡，與這位令人敬佩的前輩結了數十年的善緣。

俗話說：「守成不易」，其實創建更是艱難，譚董事長凝聚雲林鄉親之力，在民國八十七年創

組「雲林鄉親同心會」，八十八年五月且順利申請「中華民國雲林同鄉總會」成功設立，這些都歸功於譚董事長誠信、篤實，而得以一呼百諾；「雲林同鄉文教基金會」是他催生另一個有意義、有價值的平台，透過這個平台，更緊密鏈結了所有雲林同鄉情誼、提供回饋鄉里的機制與管道，不管受惠或熱心捐輸的同鄉，無不感戴譚董事長的創舉、義行，本人也為此而得以遂行回饋、奉獻鄉里的夙願；有幸參與「金篆獎」書法比賽、「勤樸獎」百萬獎助學金、「雲之鄉冠名獎學金」等活動之籌劃、執行，過程中看到鄉親展現回饋故鄉、關懷故土的熱情，令人感動不已，「鼓勵雲林子弟力爭上游、締造新雲林榮耀」之預期成效顯著，譚董事長的積極精神與投入態度厥為首功。

鼓勵同鄉子女努力向學是譚董事長一生堅持的理念，從微觀看，這是一種愛護故鄉、獎掖後進的感性回饋，若從宏觀看，那是為國家、社會培育人才的高瞻遠矚理性作為；本人從事教育工作數十年，深知教育、人才對國家發展的重要性，對譚董事長一生於教育事業不可勝數的付出、奉獻、成就，敬佩得五體投地，譚董事長被讚稱「雲林之光」確屬實至名歸。

此外，譚董事長熱心公益、公忠體國，美譽車載斗量，民國一〇〇年榮膺總統府國策顧問崇高榮譽，自此他更積極關注、奔走解決地方之民情民瘼、應興應革事項，除造福地方外，更縮短地方與中央的距離、認知落差，堪為典範。

值譚董事長個人傳記專書付梓前夕，謹忝綴數語為序，並虔敬期待譚董事長所楬櫫的「雲林心、雲林情，吾愛吾鄉」特質傳統、熱情、美德流諸久遠。

前教育部政務次長、南華大學校長

林聰明

推薦序

永遠站在歷史正確一邊的堅強實踐者

總統府國策顧問、中華民國雲林同鄉總會創會會長暨財團法人雲林同鄉文教基金會會長譚量吉先生是我多年的摯友，在我的心目中，他是一位充滿服務熱忱，不斷自我精進，有情有義、至情至性的長者。他能自一個出身於雲林鄉下的田庄囝仔經過多年努力奮鬥，無論在其經營多家的企業，或是在他終身追隨奉獻的中國國民黨，或是對雲林出外在各地的八十多萬鄉親的服務工作，皆有其頂尖卓越的成就，貢獻至為厥偉，素為各界人士高度的認同與支持，筆者承蒙譚國策顧問之厚植，先後得以獲聘為中華民國雲林同鄉總會暨財團法人雲林同鄉文教基金會之法律總顧問，深感榮幸之至，內心對這位集政治、公益、企業、文化志業，一路走來始終如一，過去如此，將來亦是如此，不計一切為國家的永續發展與服務社會公益努力不懈的堅定意志與決心是頗為景仰與敬佩的。

俗云：「將相本無種，男兒當自強」，而行行出狀元，有為亦若是。譚國策顧問能有今日傑出的表現與貢獻，主要是他早年苦學出身，深深地了解鄉下基層「甘苦人」的心聲，因此在其事業有成時，以其感恩惜福之心，即從事社會公益事業，樂善好施，廣結善緣，受到其資助的人很多，所謂「取之於社會，又能懂得回饋社會」，他實在是一位成功的企業家，且又能發揮廣大雄厚的社會人脈資源來支持他熱愛的國家與每一位需要幫助的同鄉們，因此他贏得了大家皆稱呼他「譚長」的尊號，其同鄉會大家長之風範是永遠為大家景仰敬佩的。

譚國策顧問認為教育乃是培育國家力量最重要的神聖工作，唯有一流的教育才能培育出一流的人才，以蔚為國用，因此先後曾任台北縣三重市修德國民小學、明志國中及金陵女中等學校之家長會會長，並參加發起成立金陵女中文教基金會，擔任常務董事乙職。譚國策顧問更深體「文化興國」的重要性，因此，結合各界有識之士成立「財團法人雲林同鄉文教基金會」，自文教基金會成立以來，有計畫的推動各種結合社會各界人士闡揚中華文化之精神，豐碩之成果獲得各界的高度肯定。

譚國策顧問天性忠厚，忠黨愛國，治事篤實，無論是擔任國民黨中央評議委員會評議委員或是榮任總統府國策顧問，總是能以其宏觀前瞻、務實創新之理念，盡心盡力的提供其具體可行且有益於國家之政治、經濟、教育文化、社會福祉等建設之意見，深得執政當局的重視，並加以採納以作為政府決策施政的最重要參考依據。諸如希望執政當局能多借重社團等民間力量，配合政府推動各種建設並加強與各界溝通之工作，尤其難能可貴的乃是譚國策顧問能充分體會在這種處於知識爆炸的全球化的大時代中，媒體宣傳是很重要的；無論是政府的施政或是政黨的選舉，或是私人企業的經營等，在在皆都需懂得媒體宣傳之運用，因此常建議執政當局應多重視媒體之宣傳工作，這從最近幾年來的各項選舉之結果，我們更可印證譚國策顧問之真知灼見了。

誠如美國哥倫比亞大學教授沙多里（S. Sartori）所說的：「政黨是共體的一部分，是為了全體的利益而服務的政治團體，而選舉乃是政黨將其政治主張付諸實施，以達成其為國為民服務理想目標。」在一個真正民主自由的國家，執政黨與在野黨雖然在政治理念上有所不同，但卻是政治體系的一體兩面，它們對國家與民眾的貢獻應是殊途同歸的。而國家與人民之利益是永遠超越黨派的，因此民主國家各政黨之一切活動，皆應以國家與人民之福祉為前提。譚國策顧問對民主法治與政黨政治真諦之理解是非常精到的，且能永遠保持行事公平公正的高尚風格。這可從他每次主持全國性同鄉會的大型活動中，他雖是一位永遠忠貞不二的中國國民黨高級幹部，但他在每次的活動中亦常會邀請雲林同鄉的不同黨籍的先進人士出席，共同為團結雲林同鄉們的福祉做出更大的貢獻，足見其「海納百川，故能成其大」之寬闊胸懷，因此筆者認為，值此我國政經正處於急遽變遷的大時代中，譚國策顧問其為國為民努力奉獻的崇高氣節與傑出貢獻，已深獲各界高度的肯定與認同，而筆者更堅信，譚國策顧問今後無論從事何種志業，他必定會秉持一切以國家的永續發展及社會大眾的福祉為前提之寬闊胸懷，發揮他豐富的政經文教之豐富經驗與智慧，團結社會各界有志之士，共同為國家的永續發展與人民的福祉做出更大的奉獻。

中央警察大學教授、崇右技術學院副校長暨財經法律系主任

黃炎東 博士

重情重義雲鄉子弟　力行公益社團狂人

俗諺有云：「未經一番寒徹骨，哪來梅花撲鼻香」，又云「吃得苦中苦，方為人上人」。譚董事長自幼失怙又失恃，孤苦伶仃，飽嚐艱辛，歷盡滄桑，憑其無比堅韌的毅力，克服一切的艱難困苦。皇天不負苦心人，經過長年的隱忍與奮勉，終於熬出頭，從黑手學徒躍身為白領的企業主，這是他個人努力的成果，也是上天給予應得的報償。

譚董事長量吉事業有成不忘回饋社會，照顧鄉親。畢生熱中於社團工作，年輕時即積極投入青商會及同鄉會等公益社團，尤以參與雲林同鄉會更是他一生的心願與最大奉獻，他曾任台北縣第五、六屆理事長，接著帶頭創立台灣省雲林同鄉會（按現：中華民國雲林同鄉總會）、雲林鄉親同心會、財團法人雲林同鄉文教基金會及新北市金緣全家福聯誼會，並擔任創會總會長、會長、董事長，其熱中程度與奉獻精神無人能出其右，皆所公認與讚賞。吾人給予「社團狂人」之美譽，可謂名副其實。

譚董事長對鄉親的服務是不分黨派、無高低貴賤，凡是鄉親有事需要幫忙的，他總是義不容辭當作自己的事服務到家、燃燒自己、照亮別人，數十年如一日，甘之如飴。中華民國雲林同鄉總會總會長卸任後，隨即於九十一年籌組成立財團法人雲林同鄉文教基金會擔任創會董事長，連任至今，十幾年來為了提升雲林母縣文教水平，嘉惠鄉親子弟，共舉辦了四屆的「雲林金篆獎」書法比賽，四屆的雲林籍全國百萬「勤樸獎」獎學金，塑造藝文風氣，嘉惠莘莘學子，其功厥偉，可欽可佩；此種犧牲奉獻之大愛，誠為當今社會之指標，更堪為我等所景仰與仿效者。

個人從事教育工作，杏壇生涯數十載，時刻不敢怠忽職守，一心為化育後進而奉獻自我，不敢奢求回報。因緣際會有緣加入同鄉會陣容，看到譚董事長公而忘私的無償付出，毅然決定追隨他，將餘生奉獻給雲林的鄉親，在此希望充滿愛心的您，加入譚董事長的團隊，營造團結、互助、溫馨、幸福的社會。

財團法人雲林同鄉文教基金會執行長

自序

感恩的人生

我是典型的雲林囝仔，生長於窮鄉僻壤的麥寮農莊，二歲失怙，三歲失恃，孤苦伶仃，形單影隻，幸賴外婆的撫育，長兄的嚴教，乃能度過命運乖舛的童年；及長，到鐵工廠當車床小學徒，歷盡無數的折磨與打擊，但仍咬緊牙根，期待日後的成功與報償。誠如先哲所言「天將降大任於斯人也，必先苦其心志，勞其筋骨，餓其體膚，空乏其身，行拂亂其所為，所以動心忍性，將增益其所不能」，希望經過酸甜苦辣、痛苦的洗禮，能夠扛起天降我身之大任，回饋社會，服務鄉親。

皇天不負苦心人，經過不斷的打拚，其間雖有起起落落，總算如願以償自我創業，略有所成，乃有餘力參與社團服務；民國六十五年參加三重市國際青年商會，藉由青商會的參與、學習、體驗與成長，讓我走入社團服務，七十年當選三重市國際青商會第八屆會長，力行各項公益活動，七十一年當選台北縣雲林同鄉會第五屆理事長，七十三年連任台北縣雲林同鄉會第六屆理事長，七十五年十一月創立台灣區雲林同鄉會各縣市聯誼會，擔任總會長。除了創立金緣（金陵女中結緣）全家福聯誼會，讓金緣長久延續，並陸續創立雲林旅北鄉親同心會、台灣省雲林同鄉會（按現：中華民國雲林同鄉總會），以及財團法人雲林同鄉文教基金會，旨在彼此聯誼，相互扶持，文教基金會更進一步舉辦書法比賽等藝文活動，提升文教水平；頒發「勤樸獎」清寒子弟獎助學金，嘉惠雲林子弟。這是量吉畢生之天職，期能回報家國養育之恩、親朋關照之情。

量吉只是一個平凡百姓，沒有顯赫的家世，也沒有厚實的背景，但憑個人埋首奮鬥，披荊斬棘，備嚐艱辛，歷盡滄桑，終能邁向光明的人生，並有餘力服務鄉親，善行公益，回饋社會。感謝鄉親的肯定與支持、馬總統的信任與賞識，獲聘為第十二、十三任總統府國策顧問，為全民發聲，為國策建言，此乃吾生最大的榮耀，光宗耀祖，以慰先祖。

除了感念外婆與長兄幼時的養育之恩，內人秀宜的一路相挺，更是我信心的基石、成功的動力，自是萬分感激。兒女個個學有所成，各安其分，也是父母最大的欣慰，我亦勉勵他們，事業有成，莫忘傳承父志，善行公益。

本書付梓，感謝前總統馬英九、親民黨主席宋楚瑜、親民黨祕書長秦金生惠賜墨寶，並蒙長官以及社會賢達為序推薦與鼓勵，謹此表達無上的敬意與謝忱。提供推薦序文的有：前副總統吳敦義、前立法院院長王金平、司法院院長賴浩敏、監察院院長張博雅、考試院院長伍錦霖、海基會前

董事長林中森、新北市市長朱立倫、台中市市長林佳龍、前警政署副署長蔡俊章、前台灣高等法院台中分院院長洪文章、前監察委員林秋山、南華大學校長林聰明、崇右技術學院副校長黃炎東（講座教授），以及財團法人雲林同鄉文教基金會執行長蔡緊雄，隆情高誼，永銘心版。

我之所以將《雲林囝仔奮鬥記》的主軸，定調為「譚量吉感恩的人生」，意在感謝所有在我跌跌撞撞的人生旅途中，撫育我、拉拔我、救助我的親朋好友，包括養育我的家國與親人，以及在我潦倒無助時的救命恩人，都是恩重如山、此生無以回報的對象，藉此致上我最真誠的謝悃。另一個目的，願將我一輩子的心路歷程公諸於世，與孤軍奮鬥、白手起家的同道共享，並盼能給後進年輕一代一個啟示與奮進的力量，在逆境中掙扎，力爭上游；在順境時飲水思源，亟思回饋。

最後，敬請撥空翻閱，並祈不吝指教。

譚量吉

雲林囝仔奮鬥記

國策顧問**譚量吉**感恩的人生

目錄

各界賀詞／

推薦序／

前言

不懈奮鬥　心懷感恩

譚量吉，一個自幼失去雙親、家庭清寒的雲林子弟，矢志出人頭地，力求上進，憑藉著無比的堅忍與毅力，開創出令人欽羨、屬於自己的一片天！

在人生的旅途上，譚量吉不斷地努力奮鬥，從幼年就懂得幫忙家務、賺錢貼補家用；少年時拜師學藝，咬緊牙根，扎下技術根基；雖然經歷無數的折磨與打擊，但他從不輕言放棄。經過持續刻苦奮鬥，由鐵工廠的車床小學徒，一步步累增能量、向上提升，終至成為成功的企業家，並獲頒發「十大傑出企業家」殊榮的肯定。而其公司研發的產品，不但迭獲多項專利和獎項，也揚名海內、外。在打拚事業的同時，他更把握學習、進修的機會，積極充實自我，以彌補年少失學的遺憾，為現代有心創業的青年，留下良好、勤樸的典範。

白手起家奔向成功之路的譚量吉，也是充滿大愛的企業家，宅心仁厚，不但使自己脫貧致富，

並提供許多人獲得更好的就業機會；他亦時時刻刻身體力行的回饋社會、鄉里，履踐公益人生，創立了五個知名社團，積極服務社會和雲林鄉親；因著這些正向能量的積累，使他榮獲馬英九總統的禮敬而聘任為總統府國策顧問，得以對國事建言，益增造福桑梓的能量。

今次，他撰就自己奮鬥有成的人生歷程，並付梓成書，藉以緬懷外婆與長兄撫育栽培的恩情，並記錄對家鄉的長期關懷與付出，同時讓後輩知道他個人一步一腳印辛勤耕耘的點滴，也感恩賢妻譚許秀宜女士的相伴扶持，以及人生路途上各階段「貴人」的提攜和期許，造就了他圓滿的人生！

第一篇

雲林囝仔 發憤圖強

民國三十三年，第二次世界大戰已經將近尾聲，美軍開始轟炸台灣。尚在襁褓中的我，便不時的隨著家人躲避空襲，感受大時代的動盪。

位於濁水溪出海口的雲林縣麥寮鄉，是我的家鄉，從小，我就在困境中成長、磨練。台灣光復後的次年，我才兩歲時，父親便去世了，次年，母親也撒手西歸，幸賴外婆和長兄撫養我長大。外婆的身教與長兄的嚴教，養成我從小惕勵自省、嚴謹處事的性格，以及樂於助人的態度。

少年時期，為了繼承父親衣缽，我到外地拜師學藝，為習得一技之長，刻苦淬鍊，勉勵自己有一天能夠出人頭地，光耀譚家，若有餘力，更要為家鄉略盡綿薄……。

第一章

風頭水尾 困境成長

我的故鄉——雲林縣麥寮鄉，位於台灣西部，台灣第一大溪濁水溪於此出海，並在麥寮鄉形成一片沙洲，台灣俗話稱這裡是個「風頭水尾」的地方，意思是當台灣海峽強勁的海風與秋冬凜冽的東北季風吹襲時，此地首當其衝，但種田灌溉用水，卻是位居末端，經常是前頭農田施作用水了，才能夠輪到尾田灌溉，造成農作物水源不足的窘況，因此，農作環境相當艱苦，收成不豐，居民生活普遍貧困、清苦。

望族沒落 外婆與母親相依為命

我就是在這樣一個困苦的環境中成長，不過，兒時曾聽外婆說過，外公的家族，世居麥寮鄉，是當地望族，隨手一指，從東到西、一望無際的土地，都是外公家的，就像戲劇中的「員外」般富裕。雖然家境優渥，外公的性情卻善良、純樸、忠厚，而且樂善好施，對人從不設防範之心，也沒有認真經營家中大小事務，土地權狀等財產文件也都交由代書全權處理，沒想到對外人如此的信任卻對家族造成莫大的傷害，名下所有土地竟然全遭代書冒名過戶。由於早期相關法律規定並不嚴謹，再加上庄腳人缺乏法律常識，而無力追回家產；外公家從此陷入困境，望族瞬間淪為貧戶。這件憾事，一直是外婆心中極大的傷痛！

雖然由奢入儉難，但苦日子總得過下去。又因外公過世得早，外婆與女兒（我的母親）林記相依為命，清苦度日；外婆不但勤儉持家，也把女兒教養得嫻淑雅德，鄉里間很多媒人婆來說親，但外婆捨不得將相伴多年的女兒出嫁，故女兒雖屆婚齡，仍待字閨中。

父親遠渡重洋 習得優異技術

民國八年，革命成功的中國大陸仍是一片動盪，許多年輕人離開故鄉另覓淨土，特別是閩粵一帶的居民，總夢想跨越台灣海峽這道「黑水溝」，「唐山過台灣」到寶島開創新天地。

廣東省新會縣（現為江門市轄的新會區）司前鎮河村鄉西園坊的一個小村莊，譚氏家族世代居此，我的先祖父譚祥公（字家覺）為人崇尚禮義，文學涵養極佳，曾創辦私塾，擔任教職，又寫得一手好字，在地方上，他的書法堪稱一絕。而他最小的兒子，也就是我的父親譚海（字椿海）在十四歲時，因為故鄉生活困苦，三餐無繼，聽說當時的台灣工作機會相對穩定，就和幾位同鄉商量，渡海來台謀生。打定主意之後，父親就向先祖父辭別，豈料，這竟是父子倆最後一次相見，自此海峽兩岸天人永隔……。

父親遠渡重洋抵台後，首先來到台南市廣東同鄉開設的義和鐵工廠，學習機械技術，認真勤學之下，在民國十三年取得機械修理師傅資格之後，又輾轉到嘉義市新興鐵工廠擔任技工師傅，負責維修機器，因為修繕工夫一把罩，人人都尊稱他為「海師」，聲名遠播，彰化、雲林、嘉義等南部地區的同業都指名他固定維修服務。而後，他轉至彰化市的另一家工廠服務，持續以優異的技術表現，獲得眾人的稱讚。

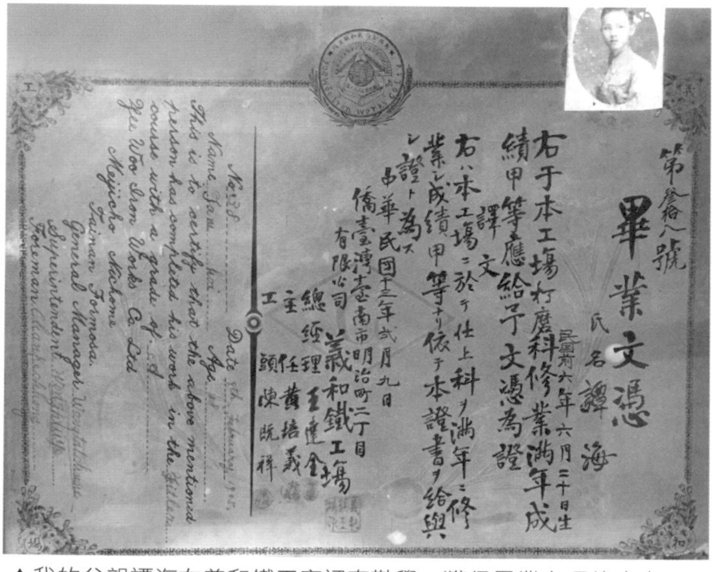
第參拾八號

畢業文憑

氏名 譚海

民國前六年六月二十日生

右于本工場打磨科修業滿年成績甲等應給予文憑為證

譯文

右ハ本工場ニ於テ仕上科ヲ滿年ニ修業シ成績甲等ナリ依テ本證書ヲ給與ス

中華民國十三年弍月九日

僑臺灣臺南市明治町二丁目

義和鐵工場有限公司

總經理 王達金

主任 黃培義

工頭 陳既祥

Name Tam Hai Age

This is to certify that the above mentioned person has completed his work in the Fitter course with a grade of

Yee Woo Iron Works Co. Ltd

Meijicho Nichome

Tainan Formosa

General Manager

Superintendent

Foreman

▲我的父親譚海在義和鐵工廠認真勤學，獲得畢業文憑的肯定。

入贅林家 雲林落地生根

「千里姻緣一線牽」，父親有一次被指派到雲林縣麥寮鄉鄉紳蔡純老先生的碾米廠修理機器，因為一身的好工夫，加上親切、誠懇的服務態度，深獲蔡老先生賞識，認為家父是個有責任、有擔當、可依靠的男人，所以特別把家父介紹給外婆，希望能促成和其千金、亦即我的母親林記女士的姻緣。但因為外婆捨不得獨生女遠嫁，便與家父商量，招贅他為入門女婿。於是，一段美好姻緣定下，父親在麥寮成家，落地生根。

婚後，父親為了生計，仍持續往返嘉義、台南等地工作。在那個交通不便的年代，從一地到另一地，大部分只能靠步行，而在麥寮老家這鄉下地方，普遍都是石頭路，父親常從麥寮老家步行幾個小時到虎尾火車站，再搭車前往外地工作，路途遙遠，相當辛苦；但他工作相當勤奮，一肩扛起家計，從未喊苦、喊累。有時候，母親也會陪伴父親同往外地，在工作地點的宿舍小住幾日，相伴扶持。

聽外婆說：母親婚後順利懷孕，卻因不明原因而流產，外婆為了顧及母親身子健康，以及能夠再度懷孕順產，便依照民間習俗，先領養別人家的兒女，俗稱「壓枝」。因故，先領養了大姊後，母親果然順利生下了兩個女兒、三個兒子，總共有六名兒女，我是家中最小的「尾仔子」。雖然大姊並非親生，但外婆和父母都視她為己出，我們這些弟妹也很敬重這位大姊，一家九口相親相愛，正是中國人「多子多孫多福氣」的最佳寫照。

誕生嘉義市區 面臨多舛命運

民國三十三年三月，大腹便便的母親隨著父親前往嘉義市竹圍仔工作，我便在那時候出生。當時，第二次世界大戰風雲正緊，空襲警報不斷，所以我自襁褓時期起，就常常跟著家人緊張的四處躲警報，見證大時代的動盪不安。

民國三十四年，二戰結束，台灣脫離日本人的統治。光復後，父親在麥寮家鄉買了五分農地耕作，農稼一年分上、下兩季，由於是沙田，土壤貧瘠，無法種植水稻，所以就輪流種植花生和蕃薯；上半季於正月播種花生，六月收成；七、八月時，農田換種蕃薯，十二月收成，所有農作物收成後，會賣掉一部分，換取現金貼補家用，剩下的蕃薯就削成蕃薯籤，在門口埕上曬乾，然後再用布袋裝起來，儲備作為全家一年份的主糧。

當時日子雖然過得清苦，但譚家人憑著積極樂觀的態度，發揮「一枝草，一點露」的勤奮精神，生活過得還算平安順利。無奈造化弄人，父親在民國三十五年四月到外地工作時，不幸發生車禍，意外身亡！這個青天霹靂的消息，讓家中頓失支柱，困窘的生活更是雪上加霜。那年，我才兩歲，懵懂無知；更不幸的是，次年，民國三十六年，母親也因病辭世，三歲的我變成無父無母的孤兒……。

第二章

幼失怙恃 外婆身教

瞬間痛失雙親，孤苦無依的六個孩子，最大十八歲，最小三歲，無助的眼神與茫然的未來，令人不勝唏噓！所幸有位勇敢、堅強的偉大外婆，一肩扛起養育六個外孫子女、食指浩繁的艱困生計。

一枝草一點露 外婆獨力養孫兒

生於晚清的外婆，本是富貴人家的千金，裹著一雙三寸金蓮。她每天都將小腳綁得漂漂亮亮的，搭配一身傳統、整潔的裝扮，並在髮髻邊插上一支「春仔花」，才出門辦事。

村人眼中的外婆，是一位聰慧慈祥、謹守三從四德、品貌端莊的婦女，不但在丈夫往生後，堅強的將女兒撫養成人，又在女婿和女兒相繼辭世後，強忍失去至親的悲痛，毅然挑起養育六名孫兒的責任，無怨無悔，令人欽佩。

光復後的台灣，經濟活動蕭條，人民普遍貧窮，外婆帶著六個孫兒生活，更顯艱辛。在「中美共同防禦條約」的保護下，美援物資進入台灣，我們偶爾能夠領到奶粉、舊衣服等救濟物品；不過僧多粥少，能配給到的數量少之又少，我們常常三餐不繼，飯桌上除了蕃薯籤，還是蕃薯籤。

偉大的外婆，常常想方設法，在捉襟見肘的清苦生活中，為正在發育成長的我們，補充一些除了蕃薯籤以外的營養。例如家裡後面有塊畸零地，外婆每天早起勤勞鋤土，耕耘一個小菜園，栽種各種應時蔬菜。她也常到田邊摘些野菜，偶爾，縮衣節食的外婆會攢錢去菜市場買一點冰得比較久、價格比較便宜的魚，讓我們打打牙祭。

難忘童年滋味　立志脫貧致富

早期烹煮，用的都是燒柴的鼎灶，所以，我們常會到木麻黃防風林撿拾枯枝和落葉回家當柴火燒，這也是我們這群孩子應做的家務之一。廚房裡通常會有兩個鍋子，一小一大，小鍋用來炒菜，大鍋用來燒水、煮蕃薯籤，或偶爾煮米飯，如灶火太猛烈，米飯就會產生鍋巴，這焦香酥脆的鍋巴，是我童年最難忘的好滋味。

外婆手腳敏捷、做事俐落，總在我們回家之前，早早將飯菜準備好了；由於大家回來的時間不定，通常都是先回家的人先吃，也都會保留飯菜給晚回家的人。雲林鄉下的蒼蠅很多，所以一般人家裡煮好飯菜之後，都會用桌罩蓋住，防止蒼蠅盜食；但我們家連買菜都有困難，更別提買桌罩了！只能任憑蒼蠅成群亂飛。因此，我們的身體也都練得百毒不侵，從沒因吃蒼蠅沾過的飯菜而腹瀉生病。所以，我們常笑稱麥寮的蒼蠅是無毒的！

吃飯時，我通常都是盛一些蕃薯籤、挾一些菜，坐在餐桌旁的長板凳上吃；天氣熱時，就端到外面的蓮霧樹下乘涼坐著吃。那時，小小年紀的我，常一邊嚼著口中的蕃薯籤，一邊想著：「總有一天，我要當大老闆，賺很多很多錢，讓阿嬤、姊姊和哥哥每天都可以盛滿滿的白米飯，大口大口的吃，再也不用吃蕃薯籤了！」

身教重於言教 學習待人處世

雲林縣麥寮鄉是濱海地區，經常海風一吹，漫天飛沙走石，因此，自日據時代就遍植木麻黃擋風遮沙；但一排排的木麻黃仍擋不住強勁的海風，尤其冬季來臨時，寒風吹進簡陋的土角厝，會讓人冷得直打哆嗦，家裡也沒有可以禦寒的衣物、棉被，我們只能撿拾稻草遮風。身為囝仔孫的我，從小都是跟著外婆一起睡覺，捱著外婆暖暖的身子入夢，她的體溫撫慰了我缺乏母愛的遺憾；每到凜冽寒冬，她總帶著我在溫暖的灶口前，鋪著厚厚的稻草睡覺，避開刺骨的寒風，於是一夜好眠。

在我心目中，外婆的偉大是無可比擬的！她是位慈祥又有威嚴、純樸又有智慧的長者，凡事要求我們按照「仁義禮智信」的嚴格規矩，若有任何偏差行為，一定馬上糾正，絕不縱容。所以，我們六個兄弟姊妹在外婆勤教嚴管下成長，都能夠堂堂正正做人，本本分分做事，仰俯無愧於天地。長大成人後，各個成家立業，熱心公益，皆有所成。

▲外婆辛苦養育六名孫兒，在我心目中的偉大是無可比擬的。

看似溫柔的外婆，個性冷靜理性，處理各種大小繁雜的事務時，都能秉持客觀公正公平的原則，對於看似棘手的問題，她都能迎刃化解。雖然家境不好，但外婆個性爽朗、熱情好客，每當有客人來訪，她除了奉茶遞水，更不吝嗇把家裡極有限的食物巧手變出一些小點心，或是煮碗熱騰騰的麵，讓客人暖暖胃，如此慷慨好客的態度，深深影響了我，讓我自小就懂得「以禮待客」的道理。

發願吃齋佑孫兒 耳聰目明手藝巧

外婆時時刻刻都掛念我們這些孫兒的平安健康，並將心願寄託於神明，所以她長年吃齋禮佛，祈求佛祖保佑。大概是心誠則靈，印象中，我們這幾個孩子，感冒發燒偶或有之，卻未有過什麼大病大痛。

那個年代的鄉下人，從早到晚都在農田裡勤奮勞動，身體都很健康，即使生病，也很少到醫院就診，全靠「換藥包」來解決。什麼是「換藥包」？這是台灣早期農業社會一項特殊的文化。地處偏遠、交通不便的農村，少有醫院診所，所以家家戶戶都有「換藥包」，意即備有家庭藥箱，裡面有蛔蟲藥、退燒藥、征露丸、五分珠、眼藥水、萬金油、面速力達母……等等居家常備藥物，大約每一、兩個月一次，由家庭醫藥品盤商派來的業務員騎著腳踏車前來，讓民眾把家裡的藥箱拿出來，再依清單清點剩餘的藥品，然後補貨、算帳，有時還會推銷新款藥品；所有藥品定價都不貴，算是薄利多銷。這樣的流動醫藥販賣，解決了當時社會基礎醫療不足的問題，也成為四、五〇年代的台灣農村特色。

外婆七、八十歲時，身體一直都很健朗，耳聰目明，還可以拿針穿線；她的女紅手藝很巧，我們衣褲上的每一塊補丁，都是外婆細心縫補的，那個年代時興「麵粉袋衣褲」，就是將粗厚、耐用的美援麵粉的袋子，拿來縫製成衣褲，上面印著「中美合作」、「淨重二十公斤」等字樣和圖案，形成當代社會的另類時尚穿著。

敬拜家中祖先 期盼年節到來

在日據時代，台灣人不可以祭拜祖先，所以都要將家裡的「公媽」（祖先牌位）偷偷藏起來，暗中祭拜；光復後，台灣人終於可以在家中光明正大地拜「公媽」。由於姓譚的父親被林家招贅，所以雙方的祖先都要祭拜，特別重視慎終追遠的外婆，每逢農曆新年、清明節，都會準備豐盛的祭品，全家人齊聚一堂，敬虔膜拜。直到現在，分居各地的譚家子孫每到這些節日，仍會齊聚麥寮老家，依照傳統禮俗敬拜祖先。

平時我們都是吃自家種的蕃薯籤，或是偶爾到別人家的田裡撿拾收成後遺落的稻穗，碾成白米，混在蕃薯籤裡一起煮，變成蕃薯籤飯，能吃上一點白米，當天就會覺得豐富滿足，非常開心。

農曆新年是我小時候最期盼的日子，因為過年時家家戶戶都會準備許多豐盛的菜餚，外婆也會煮一鍋白米飯來敬拜祖先，所以每個人都可以吃到整整一碗的白米飯，對我來說，簡直是連做夢都會笑的天大美事！後來兄姊們陸續長大，開始掙錢回家，家庭環境變得比較好，每逢過年，我不但有白米飯可吃、有壓歲錢可領，還能夠買新的卡其衣褲和木屐，甚至獲得一雙新球鞋，有這麼多的好事，哪個孩子會不企盼著年節的到來呢？

虔誠祈福 承繼敬拜傳統

每年農曆三月二十三日媽祖聖誕日，全台都會舉辦媽祖遶境活動，這不僅是文化慶典盛事，也是雲林家鄉最重要的祭典活動。香火鼎盛的北港朝天宮湧進來自全國各地組團進謁的善男信女，麥寮鄉的拱範宮（三級古蹟）也是熱鬧滾滾，整條麥寮街上全都歡喜迎客，外婆也會準備牲禮，以及炒大麵或炒米粉，同到街上去敬拜；除了主祀媽祖的拱範宮，外婆也會前往敬拜鎮西宮的蕭府千歲和四府千歲、鎮北宮的五府千歲、鎮南宮和鎮東宮的玄天上帝，虔誠的為全家祈福。

農曆正月初九是「天公生」，外婆一大早起來，準備好「五牲」、酒禮等，來祭拜天公（玉皇大帝），拜拜時，都會用特別製作的「天公金」，按照傳統規矩來敬獻，充分表示一家人的虔誠和敬意。

由於從小耳濡目染，我牢記諸位先人的忌日和神明的誕辰，以及各項傳統禮俗，一直延續到現在，每年農曆新年、清明祭祖和重要節日，我都會到各地宮廟頂禮膜拜，祈求闔家安康，以及風調雨順、國泰民安。現今家裡還設有大神明廳，不僅遵守外婆以前教導的傳統文化，同時也傳承給子女。至今我仍然每天早、晚三炷清香敬拜家中神明與祖先，並在清晨對神明與祖先敬茶，每個月初二、十六也虔誠祭拜福德正神和財神爺，所謂「心誠則靈」，多年來，我自覺在先人和神明的庇佑下，一切還算平順、安康。

六歲接受教育 打工貼補家用

民國三十八年，政府實施三七五減租，農村生活逐漸好轉，但那時我們的生活並沒有太大的改善，雖然家裡有五分田地可以耕作，還是要想辦法賺錢貼補家用。從很小的時候，我就開始分擔家務，幫忙農事，年紀稍長的兄姊，國小畢業後，幾乎都去工廠做工賺錢。

六歲時，我進入麥寮國民學校就讀，正式接受教育。當時，我是班上最年幼的學生，穿的全是兄長的舊衣服，衣衫襤褸，也買不起書包，只能將麵粉袋剪開來當作克難書包，整天打赤腳上學，返家才有一雙木屐可穿。如此不得體的衣著外表，使得我遭受一些人的歧視，自覺羞怯，沒有自信；在難過之際，心裡暗自期許，有朝一日脫貧致富後，絕對不會瞧不起任何清寒人士，且更要傾力協助與扶持他們。

年幼的我長期跟在外婆身邊，常聽她唉唸著：「孫兒，我們有蕃薯籤吃，但沒有錢買菜。」所以，我總想著要長大、要趕緊賺錢給外婆去買菜。上小學時，我總算可以和姊姊、哥哥一樣賺錢了。我開始在放學後打零工貼補家用，例如夏天時沿街叫賣枝仔冰，冬天改賣炸粿、蚵嗲；為了多賺一點錢，每天都和時間賽跑，趕早去商店批貨，甚至動腦筋想方法刺激客人消費。除此之外，我偷偷地一星期只上學三天，充當牧童替人家放牛、餵羊，再賺取微薄的工資，把所有賺來的錢全部交給外婆持家打理，當下心裡感到開心、踏實且小有成就感，因為我終於有能力貢獻這個家了。

一邊讀書、一邊賺錢的模式，鍛練我刻苦耐勞的精神，但因為無法在學業上全神貫注，國小勉強畢業；由於家境貧困，無力升學，只好投入工作，心中雖覺遺憾，卻也無可奈何。

意外因禍得福 鄉長仗義相助

民國四十八年的一場「八七水災」，山洪爆發，河川潰堤，大水沖毀房屋和農田，遍地積水難退，受災範圍極廣；但這場莫大的天災，卻讓我們家意外因禍得福，得到翻轉的機會。

原來，雲林麥寮老家的土角厝，受到強風驟雨的摧殘，坍塌損毀，僅剩地勢較高的廚房。外婆堅持不肯離開斷壁殘垣的古厝，我們一群孫兒也只能陪著她，一家老小就蜷蛐在廚房灶口前，並以稻草簡陋鋪成床墊，席地而睡。這是我年少記憶中生活最艱困的時刻，當時內心驚顫，充滿茫然不知未來的害怕與恐懼。

當時麥寮鄉光復後首任鄉長張有傳先生巡視水患災情，發現我們家竟是一位老阿嬤要照顧六個孫子，生活困苦拮据，頓生惻隱之心，他有意拔擢時年二十六歲的長兄譚玉輝進入鄉公所工作，加上地方長輩大力推薦，長兄順利擔任麥寮鄉公所約聘雇工，逐漸改善了家庭經濟。由於長兄勤奮工作，公所事務處理得宜，張鄉長讚譽有加，遂收長兄為義子，並時時關照我們家。

張鄉長的長公子是台大法律系的高材生，畢業後在台北地方法院檢察署任檢察官；二公子和四公子均與張鄉長一樣，成為有名的醫師，但卻從未看輕我們家，至今還時常往來，可說是我們譚家的大恩人。

外婆高齡仙逝 一生功德圓滿

在雲林麥寮家鄉，我們家雖然過得困苦，但外婆一直深獲鄰里尊重。她雖然出身於富貴人家，卻沒有富家千金的驕縱，個性純樸、良善又敦厚，縱使後來家中遭逢巨變，丈夫早歿，她仍堅強地和女兒相依為命；好不容易將女兒拉拔長大、結婚生子，原以為可以含飴弄孫享清福，卻面臨白髮人送黑髮人的悲傷，還得辛苦帶大六名孫兒……。多舛的命運不斷考驗著外婆，但她勇敢面對人生，從不怨天尤人，待人仁慈謙卑，行事作為充滿智慧，因而獲得鄉里一致的欽佩和讚許。

外婆不僅將我們養育成人，也分別替三位姊姊找到了理想歸宿；她很疼姊姊們，每次只要出嫁的姊姊回到老家，外婆都會招呼著煮東西給她們吃，噓寒問暖，關懷備至；對於我們三個男孫的照顧更是沒話說，並且以身作則，給予良好典範，讓我們知所進退、奮發向上，在人生旅途上昂首闊步。

然而，天下無不散的筵席，身體一向健朗的外婆，也無法擺脫人生定數，於高齡九十六歲時駕返瑤池。我們依照她所信仰的一貫道禮儀，恭送她人生最後一程。仙逝歸天後，外婆被安放坐在大廳邊的龍椅上，面容很慈祥，只感覺周圍飄來陣陣清香，好像有神明降臨，預備將她接往極樂世界，許多道親、鄉親前來致意與見證，目睹實況，無不嘖嘖稱奇，聲稱外婆功德圓滿，被接引成仙，方能有此異象和福分。

恩重如山的外婆過世，讓我淚如雨下，但依照禮儀，我們這些晚輩是不可以在亡者靈前哭泣的；因此，在靈堂會場，我們皆強忍著失去至親的悲傷，靜心為外婆唸經祝禱，並對前來弔唁、慰問的親朋好友、道親、鄰人表達感恩。

那時的我，事業初創，由於卯足全力衝刺，飲食不正常，經常鬧胃疼，貼心的大姊就在入殮儀式進行的過程中，輕聲對著準備入斂的外婆說：「阿嬤，請您保佑量吉，他正在衝刺事業，常常胃痛，請您保佑他身體健康、事業順利啊！」說完，大姊牽著外婆的手，在我身上撫摸三下；說來神奇，真的很靈驗，回北部工作之後，我胃痛的毛病居然就此不藥而癒啦！我知道，這是仁慈的外婆在庇佑我，她會永遠看顧著我，就像在世時一樣……。

第三章

長兄嚴教 自我惕勵

雲山蒼蒼，江水泱泱；
先生之風，山高水長。

我想要出版這本《雲林囝仔奮鬥記——國策顧問譚量吉感恩的人生》，除了感恩外婆辛苦將我們撫育成人，更要感謝我的長兄譚玉輝先生，他在父、母相繼過世後，毅然扛起責任，協助外婆撐起這個家，同時扮演嚴父的角色，引領弟妹們闖蕩未來，更以他淵博的學養服務鄉里，獲得鄉親們的敬愛。如果我個人的事蹟能出一本書，那麼，我長兄譚玉輝的豐功偉績和卓越貢獻，更足足可以寫三大本書！

▲長兄譚玉輝結婚時，大家族合影留念同賀。

十六歲扛家計 入鄉公所工作

長兄大我十一歲，母親離世時，他才十四歲；兩年後，大姊、二姊相繼出嫁，外婆已經七十歲了，年事漸高，不宜過度操勞，家庭生計遂由十六歲的長兄一肩挑起。他經常利用工作之餘，帶領三姊和二哥到三里外的農田撿拾蕃薯、稻穀，謀求一家人的溫飽，對於敬養侍奉外婆更是無微不至，深得地方長輩誇讚，因此，榮獲「麥寮鄉優秀青年」和「雲林縣模範青年」獎，是我們譚家之光！

擔任鄉公所基層員工的長兄，除了每天認真完成倒茶、掃地、擦桌子等本職工作，更不斷充實學識，取得公務人員任用資格；他於民國五十四年參加高普考檢定考試，終獲及格；民國五十五年參加特種考試，又獲錄取；期間奉公至誠，在鄉公所建設課主辦農林業務時，造林育苗競賽獲全縣第一名或二、

▲民國八十八年，長兄譚玉輝擔任代表會祕書屆齡退休，各界讚賞有加，獲頒榮譽獎牌，是為譚家之光。

三名等紀錄，甚受長官嘉許，亦於民國六十年十一月擢升為業務檢查員（後來改稱為研考員）。長兄持續在麥寮鄉公所服務，從課員做到課長，直到在薦任八職等的鄉民代表會祕書任上退休。

一生努力進取、謙沖有禮的長兄，自小肩扛養家大任，他為人處事的身教、言教，是弟妹們很好的模範。飽讀詩書的他，寫得一手好書法，經常應鄉親請求，免費代寫喜幛、悼文等，運用他擅長的八字命理、姓名學，熱心協助鄉親排命盤、挑選婚喪喜慶的良辰吉日，贏得眾人的敬重。

長兄更在退休前編纂麥寮地方誌——《麥寮采風錄》，為摯愛的家鄉留下珍貴的歷史紀錄，這本著作也被國家圖書館典藏。因此，在雲林縣麥寮鄉，只要提起長兄「譚玉輝」的名字，可說無人不知，無人不曉，且個個豎起大拇指稱讚，頗有名望。

長兄如父 犯錯嚴厲糾正

在家中，長兄一直扮演嚴父的角色，每天晚飯後，弟弟、妹妹們都要端一盆水給他洗臉和擦手，而這項工作幾乎都是由年紀最小的我來做。我們對長兄又敬又畏，特別是偶有犯錯時，更是噤若寒蟬。

回想起自己小學時期賣枝仔冰、炸粿貼補家用，曾經一度忍不住嘴饞，想吃點柑仔糖、橄欖等零食打打牙祭，可是，我把所有賺到的錢都交給外婆了，哪有額外的錢來買零食呢？由於我都跟著外婆一起睡覺，知道她用的枕頭是陶製、中空的，她把我們交給她的錢通通放在陶瓷枕頭裡，我心想：「裡面的錢那麼多，偷拿個幾角、幾分錢去買零食，阿嬤應該不會發現吧？」於是，有一天，我趁隙從外婆的枕頭裡偷拿了幾分錢，去買夢寐以求的零食。

不料，頭腦精明的外婆每天都會仔細數算陶瓷枕頭裡面有多少錢，稍有短少，她立即就知道了，更直覺是我這個不懂事的小孫子偷拿的！外婆對我說：「你怎麼可以隨便拿錢？錢少了多少我都知道！」

外婆的性情很好、很慈祥，當我們犯錯時，她不會體罰，頂多唸一唸、罵一罵，可是，一旦出現偏差行為，她也會視狀況將犯行轉告長兄，請他做主處分，屆時我們就會領受一頓嚴厲的責打，更何況我這次犯了這樣大的錯誤！外婆平常最疼我，卻也不縱容，即刻將此事告訴長兄，還強調「這就要修理」。做錯事被抓到了，我很害怕，但也只能承受後果，狠狠被長兄教訓了一番，迄今難忘，從此再也不敢了！經此教訓，日後我對不屬於自己的東西或非分之財，乃能做到一介不取，實應感謝外婆、長兄的教化之功啊！

管教嚴厲 凡事先自我檢討

個性一板一眼的長兄，十分嚴厲的扮演著父親的角色，修理起我們這些弟、妹們是毫不留情的，就連姊姊犯錯時，他也不通融。所以，外婆雖然放手讓長兄來管教我們，但若是覺得管教過了頭，她也會出聲制止，直說：「好啦、好啦，夠了、夠了！」兩人在管教上互補、搭配得宜，一柔一剛，讓我們不至於因一方的過激而受傷。

記得有一回，嫁出去的大姊和婆婆起了衝突，表示要回來家裡住，卻被長兄斷然拒絕：「不可以！妳以下犯上，沒有孝順長輩，回來娘家，不管有沒有理，就是不對！這是家教問題！」但外婆也不想讓大姊無家可歸，於是，先安排她待在隔壁鄰居家裡，再趕快拿東西給她吃，然後規勸她趕緊回家，且要孝順長輩；大姊在鄰居家待了兩、三天，情緒較為平復，也想通了些後，這才聽從外婆的勸告返回夫家。

長兄對於我和二哥的管教更為嚴厲，如果我們在外面和人打架、起衝突，別人來家裡告狀，不管我們有沒有理由，一定先被他責罵，甚至修理一頓！在他的觀念裡，凡事先檢討自家人，其他再說！不過，長兄修理過我們之後，若是覺得錯不在我們，他也會再去找對方討個公道，不會讓我們平白受委屈。長兄這樣的做法，養成日後我遇到任何事情，都懂得先自我省思、反求諸己，但若是有理，絕對也會去據理力爭！

研習漢文讀本 扎下學問根基

「西螺七崁」大家都耳熟能詳吧？清朝初期，統治台灣採用「棄台」和「海禁」政策，造成台

灣社會長期處於動盪不安的狀態，反清叛亂、盜匪掠奪與地方械鬥四起，居民為了自保，紛紛習武以保衛家園，這是當時環境的獨特現象，其中以雲林縣「西螺七崁」的武術最為出名，也最令盜匪聞風喪膽。近現代再加上布袋戲、電視劇的改編播放，更使得「西螺七崁」的武術聲名遠播。

精湛的武術，是雲林人代代相傳的驕傲，在我們麥寮村庄，學武術是不花錢的，每天晚上吃飽飯後，門口埕就會響起宋江獅陣的鑼鼓聲，全庄的孩子，約有四、五十個人，都集合在一起，跟著熱心的師傅學武術、練拳技，我和二哥也不例外。

學了一年多的武術後，長兄開始禁止我和二哥繼續隨其他人練武切磋，要求我們利用時間唸書，於是他開始教導我們學習漢文讀本。

其實，我的祖父以前在廣東就是教授漢文的私塾老師，頭腦聰明又認真的長兄承襲其學問，不僅漢文讀得好，也能寫一手好書法。長兄在親自教導我和二哥研習漢文讀本之餘，也沒有讓我們荒廢武術，還特別聘請了一位身為武術師傅的表兄來教導我們。

長兄對我們說：「你們要好好讀書，讀書比學武更重要；不過你們也要練拳頭，這叫自保；可是你們和全庄孩子在那裡一起學，學不精，太浪費時間了，一定要個別指導才行。」

不過，長兄教導漢文讀本是十分嚴格的，因為他早上八點要去上班，所以我們每天一早六點鐘，就要準時跟著他背誦漢文；到了七點時，長兄就發問並要求我們背誦，只要背誦不出來，就立刻處罰，有時還會從後腦勺一巴掌打過來，甚至罰我們跪在祖先面前，直到背會為止。

然而，嚴師出高徒，以往我在小學階段忙於賺錢，疏於學習，倒是因為跟著長兄熟讀漢文讀本，意外扎下不錯的國學基礎；直到現在，我看書、讀資料都不成問題，公司大多數的文件都經過我親自修改，文字功力也讓幾位祕書頗為佩服，這都要歸功我所敬重的長兄極有遠見的施教啊！

追求宗教信仰 行事光明磊落

長兄還有一個對我影響深遠的地方，就是宗教信仰，在我十二歲那年，他帶我去一貫道的道場，從此我的宗教信仰有了明確的方向；而外婆、大姊、二姊、三姊和兄嫂，也陸續成為一貫道信徒，所以家裡早上都吃齋，甚至長期茹素，我也維持素食的習慣，直到入伍當兵才停止。

信仰是每個人的自由選擇，我認為，宗教信仰讓心靈有所寄託，是件相當好的事，無論什麼宗教，只要是正面的、良善的，都可以將人導向正途，行善積德，遍植福田。

自從我信仰一貫道之後，我經常提醒自己，不可亂發脾氣、隨便罵人；不可行惡妄為，要行善積德，所以我做什麼事情都光明磊落，秉公無私，求得心靈的自在。讀經的過程中，我也得到許多寶貴的知識，明白許多為人處事的智慧。所謂「舉頭三尺有神明」，做人做事不要想佔人便宜，要有道德觀，特別是在事業方面，我認為，絕對要有道德，事業才會發揚光大；如果缺乏道德，事業必定面臨窮途末路。

此外，長兄十分看重譚家的淵源，除了追本溯源調查家譜，還遍訪父親生前的舊識，甚至只要一遇到姓譚的人，他都會前去和對方攀談，希望讓蒐集到的家譜資料更為完善。

隨著外婆年歲漸高，身為長男又行事果斷的長兄，儼然主導譚家的一切，我們相當尊重且聽從他睿智的決定和安排，甚至連後生晚輩的出路，都會向長兄請益，而他也會給予適切的指示，對於我們譚家，長兄真的是貢獻卓越。

侍奉外婆至孝 圓滿解決祖產問題

由於我經常在北部忙於工作和家庭，僅能每月抽空帶著妻小返鄉省親一次。時齡九十多歲的外婆長年住在麥寮舊居，由長兄、長嫂服侍，兩人事親至孝，尤其外婆辭世前那一段罹患疾病的臥床期間，兩人不辭辛勞的在病榻旁侍奉湯藥，孝親之殷，令人動容；每當外婆感覺煩悶時，已非壯年的長兄甚至會揹著她在庭院內活動，以娛其心；長兄、長嫂的孝行，未曾片刻停歇。長兄對外婆的一片孝心，讓我打從內心敬佩，更深受鄰里稱道。

外婆過世後，長兄邀集親人召開家族會議，討論喪葬費用分攤，以及遺產分配。大哥建議麥寮祖厝由兄弟各分得三分之一，以示公平。那時我初創事業，孩子又年幼，經濟窘迫，但仍率先向長兄表示，喪葬費理所當然平均分擔，自己應該負責的部分，絕對會補足費用，就算去借款也無妨，至於祖厝財產三分之一的權利，我決定放棄，全權交由長兄處理。二哥也做了同樣的表示，麥寮祖厝就全部交由長兄處理，這是天公地道，沒什麼好爭的！而長兄和大嫂也盡心維護祖厝的周全，爾後逢年過節，眾人都有個老家可以回來團聚，凝聚家族情誼，如此圓滿解決祖產的問題。

長兄因病逝世 麥寮文化界損失

我所敬重的長兄，服務公職四十餘年至屆齡退休，始終秉持我們譚家勤樸仁善的家風，教養子女，也因此我的大侄兒也在我長兄的言教、身教之下，取得教育博士學位，光耀門楣，目前在教育界服務，擔任台中市東勢區中山國小校長，也協助了本書的編纂；二侄兒在雲林縣斗六市開設工廠和房屋仲介公司，閒餘時間也參與扶輪社活動，並成立功德會濟弱扶貧，一樣熱心公益，努力奉獻社會，這都是長兄教化的功勞啊！

民國九十年，長兄因病逝世，享壽七十歲，令我哀痛逾恆！所謂長兄如父，在告別式會場，我看到絡繹不絕前來悼念與捻香的鄉親，知

▲姪兒譚至哲（左）在長兄教導下，取得博士學位，目前服務於教育界，民國一〇五年八月，榮任台中市中山國小校長。

道我一生中最敬重的長兄不但為鄉里所敬重，他的逝世也是麥寮文化界的損失！

如今，雖然長兄已經不在人世，但我仍時常想起長兄對我的叮嚀與期許，而兩位侄兒也非常尊重我這位叔叔，除了在教育界、工商界用心服務，以落實勤樸仁善的家風，也常常關心與問候我，對於他們的表現，我甚感欣慰。

▲長嫂和長兄感情甚篤，用心拉拔一群兒女長大成材。

▲姪兒就任校長當日，我與好友前往祝賀，並在校長室合影留念（左起：雲林同鄉文教基金會執行長許富源、監察人蕭文湖、譚量吉、譚至哲、台中教育大學教授黃聲儀和馬行誼）。

▲校長就職典禮上，我特別送譚至哲（右）一支鋼筆，策勵他能精心擘劃治學，與教師團隊群策群力作育英才，樹立模範學術殿堂。

第四章

拜師學藝 承父衣缽

人稱「海師」的父親，是技術精湛的技工師傅，曾在台南義和鐵工廠習技，並取得機械修理師傅的資格。長兄重視譚家的淵源，內心總是期待父親的衣缽可以傳承，但他一生投入公職，無法重現父親優異的技術與榮耀，所以將希望全寄託在我的身上。

繼承父親衣缽 遠地拜師學藝

我十六歲時，長兄帶著我四處尋訪，希望安排我拜師學藝，不過初期卻不順利，四處碰壁，後來，先到嘉義市新東陽機械廠當了一年的車床學徒，再輾轉至雲林土庫發展，結果都不盡理想。聰明的長兄於是運用他累積的資料庫，經過一番打聽，特別遠赴台南，拜訪並請託父親的廣東同鄉和昔日同事黃永寅世叔，獲得黃世叔點頭收留我，在他經營的永義機械廠安定下來，展開三年四個月的拜師學藝之路。

此前拜師學藝遭挫的過程，深深烙印在我的腦海中，從而衍生了兩個想法：一是不要拒人於千里之外，要多給別人機會，尤其是年輕人；二是同鄉臂助的情誼非常重要，出門在外，人不親土親，鄉親們團結才有力量，這也形成我日後積極加入同鄉會，熱心協助同鄉謀職的緣由之一。

學徒生涯中，我在位於台南市公園路的永義機械廠，刻苦耐勞，努力學習一技之長。打小到大，第一次離家這麼遠、這麼久，期間若是感覺受不了，或是想家了，會偷偷掉眼淚，想起長兄道別離去時，曾經告訴我：「不可以掉眼淚，你要顧及自己的未來，爸爸、媽媽過世了，我們要努力揚眉吐氣，怎麼苦都要學好技術。」於是，我咬著牙，忍耐撐下去；而且長兄對我們管教嚴厲，如果我受不了學徒生活而貿然返家，後果一定不堪設想，所以我絕對要認真拜師學藝，熬過辛苦磨練，將工夫學得扎實、純熟，未來才有本事開創屬於自己的事業。

潛心至台南跟姓名學大師白惠文老師研究姓名學的長兄，也特別將我「松吉」的本名，改為「量吉」，以此惕勵與期許這個弟弟能夠「有量為吉」、「有容乃大」；我也體悟大哥的用意，凡事寬大為懷，不事計較，在學習方面，更是求知若渴，如同海綿一般，十分有「量」，希望有朝一日能達成長兄期盼我出人頭地、光耀門楣的寄望。

學徒生活艱辛 吃苦當作吃補

在鐵工廠當學徒期間，完全沒有薪資，只供應每天三餐，以及一個月發給兩塊錢的剃頭費，看在現代人眼裡，會覺得「怎麼會有這麼傻的免費勞工」？但當時能夠進入工廠向師傅拜師學藝，又不必擔心吃飯問題，已經算是老闆極大的恩惠了。

這種當學徒、學囝仔工的日子實際上是很艱苦的，每天一早，我差不多六點半左右，就要起床打掃、整理工廠內部環境，再去遛狗，等到這些雜事全部做完後，簡單吃個早餐，趕在八點上班，開始在工廠裡跟著師傅一邊做工作、一邊學技術。等到師傅們五點半下班後，我就要擦拭場內的車床，將機械裡面的鐵屑通通清理乾淨，差不多得花上兩個鐘頭，待清理妥當後，才可以下班、吃飯，所以每天到晚上八點半以後才能休息。

有時候，我還要騎鐵馬（腳踏車）到六甲町民族路小公園附近的五金行去買東西、載鐵板，一塊塊的鐵板，加起來大概有四、五十公斤重，我用鐵馬吃力地載著，小心翼翼地騎回機械廠。

回到機械廠，放置好鐵板，才能脫下一身漆黑的卡其布工作服。因為卡其布工作服上經常沾滿了機械的黑油，整身衣、褲都是黑抹抹的，也就是俗稱的「黑手」；沾上黑油的卡其布衣、褲，得用黑肥皂使勁地刷洗，才能洗掉那些頑強的黑垢。每天晚上，我都要費盡最後的力氣和頑垢拚搏，將工作服清洗乾淨，才能把當天的工作劃上句點，安心上床休息。雖然極為疲憊，但為了早日出師

（當師傅），我從未喊累。

進修機械製圖 彌補童年遺憾

有感於童年時期因為家中經濟因素無力升學，所以當機械廠學徒工作逐漸上手之後，我開始尋求進修的機會，且認為從事車床機械這項行業，若要讓自己更上一層樓，還是需要在學識上多多充實，於是，我便主動到台南高級工業職校附設「專修機械製圖科專修班」進修，希望日後能在專業上有更多面向的發展，不以當個只會修理機械的「黑手」為滿足。

年少的我，開始準備前往▼外地拜師學藝，實現繼承父親衣缽的夢想。

五〇年代，台南高工算是很熱門的學校，有幸入校進修學習，我也相當珍惜。每星期一到星期六（那時尚無週休二日，星期六仍要整天工作）下班後，匆匆晚餐，便趕往學校進修兩個小時的課程，星期天則上滿一整天八小時的課，為期六個月；雖然白天工作疲累，到學校上完課回來，還是要完成未竟的工作，經常忙到三更半夜才入睡，但我從不輕言放棄，充分把握學習契機，風雨無阻，期間從未缺

席，並且以優異成績結業。而這段時間的學習成果，對我的技術成長幫助極大。

回想起來，一個農村子弟、庄腳囝仔，能夠得到一份不用繳學費就可習得一技之長，還包吃、包住的工作，每個月又能領取兩元剃頭錢去整理門面，之後甚至有機會重返校園進修，稍微彌補童年失學的遺憾，實在感恩不盡。

善盡義務 光榮退伍

拜師學藝三年四個月期滿之後，我離開台南永義機械廠，進入新北市三重區（那時稱台北縣三重市，舊稱三重埔）的信國工業公司擔任技工，一邊工作，一邊等待兵單（徵集令），準備當兵去。

服兵役，是中華民國男子應盡的義務，到了法定年齡，都應該接受軍事訓練，擔負起保家衛國的重任。收到兵單、入伍徵召以後，我在嘉義中坑新兵訓練中心

▲二十歲當兵，以技工職業專長分發至陸軍步兵營「四二砲連」，兩年後光榮退伍。

受訓兩個月，因為有「車床技工」民間職業的專長，被分發到陸軍步兵營「四二砲連」。「四二砲連」彼時正將輪調金門，因為船期的關係，我們先在高雄左營待了差不多一個月，才終於分配到船班。

我算是個很有福氣的人，在金門地區服役不到兩個月，就被調派回台灣南部。當時，我在軍中負責採買食材，因為從小就跟在外婆身邊幫忙煮飯、做事，所以對料理有基本的概念，每天儘量採買不同的新鮮食材，交由廚務人員料理，並建議他們在食材上變化不同的菜色。

因為做事認真負責，以及工作用心，使得我當兵的日子過得相當順遂，更屢獲長官讚美和肯定；退伍時，還曾經獲得部隊刁光磊輔導長贈與「青年楷模」錦旗一面，為兩年的軍旅生涯，劃下圓滿的句點。

第二篇

離鄉背井 開創事業

揹負繼承父親衣缽的期待，我到台南拜師學藝，終於在三年四個月後學成出師。我心想：「我沒有機會讀書，但有一技之長學成師傅，就有工作機會、賺錢的能力，相較同年齡的同學高中畢業或讀完大學才開始就業工作，那時，我可能已經創業當頭家（老闆）了。」因此，我除了要承襲父親一身好工夫，更懷抱創業夢，立志闖出一番事業。

現在回想起來，當時我雖然只有十六歲，卻能夠衡量家庭狀況及自身能力，離鄉背井，學技成師，並努力蓄積能量，尋求機會點投入職場，開創事業；唯有鼓起勇氣，認真拚搏，才有機會讓人生交出漂亮的成績單！

第一章

吃人頭路 努力打拚

民國六、七〇年代，偏遠純樸的雲林家鄉，長年保留農業社會的樣貌，年輕人若是留在家鄉，大多只能務農，看天吃飯，好不容易作物即將收成了，卻常常不幸碰上天災，讓所有的辛苦瞬間化為烏有。

因此，「到外地發展」幾乎成為雲林囝仔共同的目標。所以，當我自台南永義機械廠擔任學徒期滿出師之後，便直接北上尋找工作機會，準備為將來的創業扎根。

北上發展 選擇三重埔落腳

早期雲林人北上發展，近一點的落腳目標是台中市，遠一點的是台北市，但我的想法不同，首要目的地是「三重埔」（後稱台北縣三重市，即現在的新北市三重區），我直覺那裡會比台北有更寬廣的發展空間。

打定主意後，我開始猛翻報紙尋找工作，看看三重埔哪裡有適合的職缺？最後在信國工業公司應徵到車床技工的職務。信國工業公司是三重埔規模較大的鐵工廠，產品種類和樣式眾多，除了做門把、扣環等零件外銷到越南，並製造三陽、光陽等知名大廠摩托車、汽車的零件，業務相當興隆；尤其幸運能在這樣大的工廠學習精進技術，我懷著如履薄冰、如臨深淵，戰戰兢兢、不敢鬆懈，努力打拚的精神，準備在人生第一份正式工作中，好好接受磨練。

如今雖然時隔超過半世紀，但這份工作的薪資，我到現在還記得很清楚——初期是一天新台幣十四元，一個月約四百二十元，並供住宿和膳食；每個月一領到薪水，我總是縮衣節食，攢下三百五十元，寄回麥寮老家給外婆貼補家用。

擢升車床組長 不忘充實進修

在信國工業公司工作半年後，我收到了入伍召集令，便去當兵服役。兩年後，我自部隊退伍，重新回到信國工業公司，繼續擔任車床技工的職務；由於工作認真、盡職，我不僅具備師傅的資格，並擢升為車床組長開始帶徒弟，其中有三位是我向老闆推薦錄用的雲林同鄉。

在那個年代，社會普遍認為，查埔人若要有前途，就要自己創業做頭家（老闆），所以平日在工作上，我不怕辛苦，努力再努力！因為「創業做頭家」正是我不變的目標，也才能達成長兄要求我承繼父親衣缽的期許，讓譚家揚眉吐氣。

我知道，想要做一位受人尊敬的大老闆，只在工作上打拚是不夠的，還要積極進修，懂得愈多，視野愈廣，以後可以做的事業也就愈大。當老闆最好自己懂會計、會看財務報表，而且想要做大事業，語言能力更是不可少；所以，我報名三重埔正義北路文泉補習班的晚間課程，星期一、三、五唸會計科目，星期二、四、六讀英文單元，就連星期天也不放棄學習，跑到台北市中山北路、忠孝東路口的救國團學習中心上口才訓練班，提升自己的溝通應對能力。

對於口才訓練，我一直很感興趣，總覺得一個充滿草根性的鄉下孩子，若能藉由老師專業的訓練和引領，日後在各種場合的表達、應對一定會更加得體。三個月一期的口才訓練班，每週上課一次，教導待人接物、禮儀應對，很榮幸地由知名教授親自授課，他們專業與精湛的講課，讓我獲益良多。

娶得如花美眷　扛起家庭責任

話說「成家立業」，或許男兒應先成家，再立業；所以我在積極扎下創業根基的同時，也準備進行這項人生大事。民國五十九年，二十六歲的我，經由雲林麥寮德高望重的雲嬌姨（先母的金蘭之交）作媒，我和同鄉許志朋先生的二千金許秀宜小姐結縭。

許家在雲林麥寮是望族，當時最熱鬧的中街上，那間生意最旺的雜貨店就是許家經營的，她的母舅個個頗有來頭，有的擔任縣議員、有的是鄉民代表，或經營知名碾米廠、油行的老闆；我譚量吉家世普普，哪高攀得起許家千金呢？多虧雲嬌姨這位媒人婆，以及長兄的名望保證，才讓我如願娶得美嬌娘。

▲經由家鄉德高望重的雲嬌姨作媒，我如願娶得美嬌娘。

◀端莊嫻淑的妻子——譚許秀宜，永遠是我最有力的精神支柱。

有幸娶得如花美眷，除了珍惜彼此的緣分，更不能虧待人家！感恩長兄幫我把整場婚禮辦得風風光光，諸多親朋好友共同見證我的大喜之日，盛況至今仍為人津津樂道。結婚當日，信國工業公司的翁董事長、池總經理率領主管和同事們，共乘一輛專車到雲林參加喜宴，為婚宴增添無限光彩；讓我當下立志努力奮鬥，有朝一日闖出一番天地，以報答長兄的恩情，同時向妻子證明——她絕對沒有嫁錯人！

結婚後不到一週，我就帶著妻子搭火車北上，繼續打拚事業。當時長兄給了我五百元，我們就在三重德林寺仁壽街附近租房子；房子很小，稱得上家徒四壁，甚至買不起新床，只在地上擺放一張彈簧床墊席地而眠；新婚妻子感到訝異與無奈，但也默默接受現實，秉持著夫妻同舟一命的傳統觀念，拿出自己的私房錢來添購家庭用品。爾後，三個子女陸續報到，共同建立一個小康家庭，讓我更明白自己肩上沉重但甜蜜的負擔。

▲我的大喜之日，諸多親朋好友前來見證與祝福。

半工半讀求學 憑藉毅力畢業

結婚後的我，自覺責任重大，更加積極進取，除了持續在三重文泉補習班進修會計和英文、週日參加救國團學習中心的口才訓練班，更有感學歷的重要性，認為應該設法取得文憑，於是報考私立格致中學補校，期許更上層樓。

格致中學的學程和管理是出了名的嚴格，每天晚上六點要準時上課，絕對不能遲到；幸因學校距離信國工業公司很近，騎腳踏車十分鐘就可到達，我想，每天下午五點半一下班，就立即騎車奔往，半工半讀三年應該不成問題，所以考取後便註冊就讀了。

緊張的工讀生活隨即展

▲三名兒女於婚後陸續報到，組成小康之家，讓我明白自己肩上沉重但甜蜜的負擔。

開，每星期一到星期五下班時，我立刻將手洗一洗，換件衣服趕往學校，絲毫不敢懈怠，每天六點準時到校，讀到九點下課，方才稍稍鬆一口氣；不過，因為來不及吃晚餐，我通常就在附近雜貨店買個麵包止飢，或等到下課回家後，再隨意吃碗泡麵。

工讀生活雖然緊張，但勉強可以勝任。後來，我開始創業，初期顧慮家庭，尚不敢冒險辭掉信國工業公司的工作，所以形成「蠟燭三頭燒」的局面，晚餐時間更加不正常，經常連短暫充飢的時間都省略，長期下來，搞壞了身體；讀到中學二年級下學期時，出現嚴重胃出血，只得住院躺在病床上乖乖注射點滴；望著慢慢滴落的點滴，我深知身體健康的重要性，所謂「留得青山在，不怕沒柴燒」，由於不要過度勞累，乃決定出院後暫停學業。

但我不是個半途而廢的人，等到身體狀況好轉後，又進入東海中學夜間部就讀，並且憑著毅力順利畢業，終於獲得文憑。

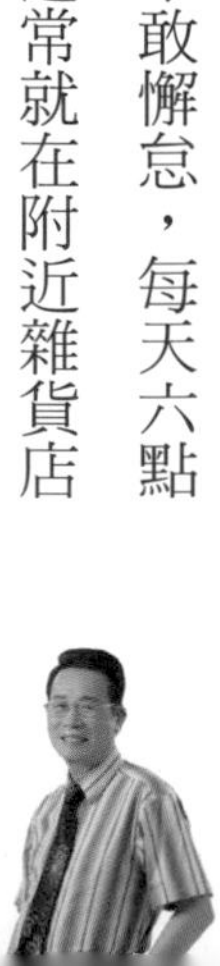

第二章

初期創業 累積經驗

「創業維艱」，所有白手起家的老闆都知道，創業初期真的很辛苦，不但要籌措資金，投注心力，瞻前顧後，凡事都要自己想辦法，更需要貴人相助，必須天時、地利、人和，才能打下事業基礎。

初創事業 從風光到黯然收場

雖然我在信國工業公司的貢獻頗獲肯定，一路升到車床組長，但自行創業的種子一直埋藏心中，等待時機萌芽。

民國六十年，公司有一位做鈑金的沈先生對我說：「譚先生，我看你工作認真敬業，白天上班、晚上進修，懂得上進，做人誠懇謙虛，我想跟你談個合作。我發明一種風管，是一種自動打氣筒，三秒鐘就可以完成充氣，已經申請新型專利在案，量產後，在市面上一定會造成轟動，我們要不要一起來合作創業？」

於是，我回鄉向長兄報告此事，詢問其意見。長兄鼓勵我把握機會，勇於嘗試，並且幫忙招攬股東，獲得當時已退休的首任鄉長張有傳先生答應出資，並號召居住在花蓮擔任醫生的兒子、在彰化知名企業當主管的姪子聯袂投資。有幸獲得「張家班」的支持，於是，我在三重市三和路四段一四五巷三號租了一棟大約卅坪的廠房，成立「富隆實業有限公司」，製造沈先生發明的專利自動打氣筒，準備大展鴻圖。

初次創業算是做得轟轟烈烈，我們不但在全省各地找了許多家經銷商，還請了演藝紅星矮仔財和戽斗來拍攝廣告，打響產品名號，擁有高知名度，成為家喻戶曉的產品。不過，或許是產品太過先進，詢問者眾，但購買者少，市場接受程度遠不如預期，一直無法創造出預期的利潤，但為了打開市場，公司管銷和交際費用日益增加，苦撐兩、三年後，股東們決定解散公司，也為我的首次創業劃下句點。

雖然初次創業沒有成功，產品不被市場接受，但我從中獲得許多寶貴的經驗，也結識多位重要人物，以我這個鄉下孩子而言，當時可以量產出那麼先進、有科學依據的產品，又能夠招攬到多位重量級股東投資，從旁人的角度來看，也是相當不簡單的，無形中也讓我在商場的名聲和交際層面向上提升不少，在別人眼中，我已不只是工廠裡小小的技工師傅、車床組長。

獨資創業 量泰機械廠誕生

創業的種子萌了芽，雖然沒有順利成長、茁壯，可是只要持續鬥志，就算初生的嫩芽枯萎了，也會萌發新的生機，再度綻放。

初次創業憑藉著自己的專業技術和向眾人募集的資金，雖然沒有邁向成功的坦途，但從失敗經驗中檢討與思索，我衍生了更強大的企圖心，更在太太的支持與鼓勵下，開始獨資創業。生平第一家獨資創設經營的公司，位於三重三和路四段一五五巷十六號，長兄將公司取名為「量泰」，希望以「大的度量與格局，永保吉祥與安泰」。

而「工欲善其事，必先利其器」，要自行開設工廠當老闆，擁有一台機械車床是基本設備，當時機械車床

▲創業維艱，憑藉勤奮進取，努力朝向目標邁進。

要價不菲，我妻特別回麥寮家鄉參加民間互助會，幸運標到會款，籌足五萬元，買了一台要價三萬六千元的車床，以及一些周邊設備和材料，公司便先向其他工廠包些零件，進行車床加工沖模，展開營運。

獨資成立公司這一年，長女夙惠誕生，我在享受初為人父喜悅的同時，也擔憂再度創業未果對妻兒的影響，因而不敢辭去信國工業公司的工作，故只能在下班後，利用晚上時間來做車床加工，通常做到凌晨一點才歇息，充分利用自己僅有的時間累積事業的基礎，並且替家庭多掙點收入。

而創業之初，本來就備感艱辛，手頭又極為拮据，常為了缺乏資金購買材料而困擾，動不動就得東借西湊，甚至三餐不繼，而為了拓展業務，常需拜訪客戶，卻缺乏交通工具，那時大眾交通工具相當不便，十分煩惱；幸賴我妻勤儉持家，省吃儉用存下三百塊錢，買了一輛中古腳踏車供我拜訪客戶，爭取業務，也省下不少搭乘大眾交通工具的寶貴時間，提升了效率。

由於勤奮進取，公司的業務逐漸穩定，也由一開始只有我們夫婦的兩人公司，增聘了三名員工，也延長工廠的營運時間；為使零件加工提前交貨，增加公司競爭力，廠內機械經常從每天上午六點半操作至深夜一點。雖然業務日益興隆，但我對品質的控管從未因為趕貨而懈怠，堅持每件產品都要親自督製，以確保優良品質，由於公司一貫品質穩定、交貨準時，短時間便建立了高度信譽，獲得客戶的信任與支持，訂單不斷。

遇貴人 業務由加工轉向研發

民國六〇年代，在政府的帶領下，台灣經濟和建設開始起飛，特別是外銷產業發展蓬勃，而三重埔的工廠眾多，加工事業發達，大部分的工廠只要肯投入，不愁沒訂單，幾乎人人都有錢賺。但要如何在眾多工廠中勝出，成為客戶交付訂單的第一選擇？我認真思考，規劃出貨流程，當訂單一交到手上，便以飛快的速度執行出貨，工廠機械長時間運作，工人連續密集排班，將一天當作兩天來用，比起同業更具時效與品質，因此，公司訂單應接不暇，獲利日益增加，事業算是穩定上了軌道。

自創事業穩定後，生活改善不少，於是我和太太商量，花了六千多元，買了一輛光陽六十五西西的中古摩托車；當時同款全新摩托車要價一萬多元，差不多是中古機車價格的兩倍，我捨不得花這麼多錢在代步工具上。只是這輛中古摩托車的引擎聲音極大，每次一騎到巷口，妻子遠遠聽到轟轟巨響，便知道是我回來了；應該說不只是我妻，整條街都知道我回來了！

量泰公司逐漸在三重埔的外銷代工業界闖出名號，但我也思考，車床加工沖模業務雖然生意興隆，可以穩定獲利，但現今盛況能維持多久呢？做加工，餓不死，卻也養不肥，無法賺大錢，如果公司沒有邁向研發之路，生產自己的產品，不但別妄想賺大錢，甚至訂單會慢慢消減，或被其他公司取代！於是，我靠著先前在台南高工和東海中學的進修，得空就畫圖研發產品。

某天，百滙貿易公司的廖老闆拿了一個附有壓力表的腳踏打氣筒來找我洽談，表示這樣的產品是未來的趨勢，在美國也有銷售對象，若研發成功，未來一定會熱賣，甚至創造出高額的市場數字。我聽了非常有興趣，也想把握這次機會，所以決定接下挑戰，和廖老闆合作研製樣品；甚至壯士斷腕地辭掉信國工業公司的工作，展現萬丈雄心，準備好好拚搏一番。

自此，三重三和路的公司由原本主要的車床加工沖模，轉型擴充為對新機器的研製，打造自己的品牌。我總共做了五、六個樣品，讓廖老闆送去美國確認，同時承諾會不斷改進到對方滿意為止。美國客戶看到樣品後非常滿意，立刻向百滙貿易公司下了量產兩千台的訂單。

簽下外銷合約 卻逢天災挑戰

接到美國客戶這筆訂單，我感到興奮不已，心想：「這樣就妥當了，機會來了！」可是以公司現有機械設備絕對無法完成這筆大訂單，得再擴充規模。我告訴太太這個好機會，就在太太和長兄的支持與鼓勵下，準備再添購車床設備和十台鑽台，好應付這筆訂單，同時也藉著擴增工廠規模，增加美國客戶的信心。

百滙貿易公司順利和美國客戶簽下合約，我便開始全力量產。望著一件件完成的半成品，想到交貨後可以賺得可觀的報酬，也是一筆前所未有的成交數字，內心既興奮又激動，感覺未來成功可

期；孰料，一場颱風來襲，整個三重埔淹大水，公司裡面所有做好的半成品都被水沖走、沖壞，預估重製的時程，絕對趕不及合約上的出貨日，屆時不但賺不到錢，還要賠上一筆不少的違約金！

當下真是欲哭無淚，我只能立即整理、盤點損失，同時請廖老闆的貿易公司儘速向美方說明，暫緩出貨時間。幸好美國廠商能夠諒解，而且由於他們十分滿意樣品，對公司的專業技術極為信賴，願意再次給予機會，完成這筆交易。因此，我日夜趕工，務求在最短期限內，將這批產品製作完成，交至美國驗收，重拾客戶信心。

成為三重知名打氣筒製造廠

當美方客戶對交付的成品給予讚賞，通知驗收完成時，我心中的一塊大石頭才放下。順利達成使命後，接踵而來的外銷訂單應接不暇，公司員工也不斷增加，從三、五個，增加到八個、十個，工廠機械廿四小時生產，生產線未曾停歇。

量泰公司主要製造油壓千斤頂、腳踏幫浦（打氣筒），生產規模不斷擴大，後來又成交了四千台「瑞典型千斤頂」的大筆訂單，生意日益興隆，除了再增加員工至十二人，還不斷投入資金、增加設備，而妻子更是全力扶持，永遠扮演最有力的精神支柱。

我們夫妻倆同心協力在事業上拚搏，除了一起照料公司業務，更親自運貨、送貨，「夫妻同心，其力斷金」，憑著奮鬥的決心、堅強的意志，克勤克儉的我們，胼手胝足地將一家小公司營運到興旺的局面。由於我們對品質的堅持，樣品檢驗完全符合國際水準，且買賣交易從不拖泥帶水，累積了良好的信譽，深得國內、外客戶的信賴，使得公司外銷訂單源源不絕，客戶愈來愈多、生意愈做愈大，後來，量泰企業有限公司的量泰機械廠，成為三重地區知名的打氣筒製造廠。

「霸氣」果斷處事　堅持做對的事

在吃人頭路當夥計時，我總以為只要工作認真打拚、善待員工，就可以當個好老闆；等到自己當上老闆後，才發現不僅如此，老闆還要具備更多的特質，特別是一定要有「霸氣」！

什麼是「霸氣」？有霸氣的老闆不是「鴨霸」行事，而是眼光要宏觀、處事要果斷，凡事有看法、有方向，只要是對的事，就應該堅持到底！就像雲林人常說的，做人要講義氣、講道理，這叫「氣魄」！而做事有氣魄、敢承擔，對就是對，不對就是不對，並有宏觀的看法，就可以稱之為「霸氣」！

公司初創階段，我就曾展現我的霸氣。民國六十四年，那時三和路的工廠業務已步上軌道，聘請了將近十名員工，其中一名員工無視公司早上八點半上班的規定，經常睡到九點才姍姍來遲；初期我尚隱忍，耐心規勸，未料其他五、六名員工有樣學樣，跟著不守紀律，我接連提醒了三次，他們仍我行我素，等於集體造反，特別是當中有位老師傅不但不守時，還故意刁難我。

幾天後，我將這幾位員工集合起來，簡短告訴他們：「公司現在暫停營業，你們全部都離職吧！」我將他們全部辭退，公司休息一個星期，另外招募一批新的員工。雖然一週的停工，公司必定有所損失，但員工重新洗牌、就位後，人人兢兢業業，克盡其職，從此公司業務蒸蒸日上！

這就叫「霸氣」！我可以沒日沒夜打拚，吃得差、睡得少，為公司創造業績高峰，給員工更好的福利，但絕對不受制於員工的反動，喪失老闆應有的尊嚴！員工集體造反，「軟土深掘」，三次勸說無效，我就乾脆全部辭退，重新開始，就算承受一個星期的損失，也在所不惜！

敢承擔，不服輸，就是當老闆應有的霸氣，也是該有的堅持！

第三章
蓬勃發展 聲名遠播

量泰公司經營得法，一貫作業，品管嚴格，產品優良，受多國客戶的賞識，國外訂單極為踴躍。然而，高額的接單量也凸顯了現有工廠空間嚴重不足，只有二十坪的三重三和路廠房已經不敷使用，員工常需於半夜將做好的產品移到廠邊的馬路上擺放，再繼續工作，然後趕在一早出貨，不然工廠裡面根本擺不下貨品。

為了業務需要，我開始尋覓新的廠房，準備擴充。

買下碧華街透天厝 大展鴻圖

當時，一位吳姓雲林同鄉得知我在尋找新廠房，他是一家建設公司的董事長，正在三重埔分子尾街（現稱碧華街）興建一批透天厝。吳董事長遊說我：「看你工作相當認真，公司又不斷擴充，以後一定會賺大錢，所以不如乾脆買下我正在蓋的透天厝來當工廠，我會儘量提供優惠條件，你等於是拿租金來付房貸，這樣既可以解決廠房不足的問題，又可以增加資產，不是兩全其美嗎？」

不過，因為公司資金有限，賺來的錢大都投資在機具設備上，購買新廠房又是一筆巨款，我也捨不得再讓太太為此事奔波，於是，便和吳董事長討論付款辦法。吳董事長很「阿莎力」，他讓我全額分期付款，降低我的付款壓力；而我也很有勇氣地買下了現址為三重市碧華街二二九號、三三一號的兩棟兩層樓透天厝，將一樓設為工廠、二樓作為公司，簡單裝潢完工後，工廠就搬遷至此，擴大經營。

剛搬到碧華街時，整批透天厝只有我一家入住，水電設施尚未完善，只好先接臨時電力，工廠才能開始運作；不過，一到晚上，四周便是一片漆黑，只有工廠亮著燈光，在夜色中伴隨著機械運轉的聲響與蟲鳴，持續勤奮工作。那時整排房子的對面還是稻田，是滋養蚊蟲的溫床，所以每晚蚊子極多，到處肆虐；廠房周圍都是泥巴路，每逢雨天，環境便泥濘不堪，泥水四處飛濺。

雖然環境未臻理想，但此地的風水極佳，自從工廠擴遷到碧華街後，外銷訂單不斷增加，員工也由十二名大幅成長至四十餘名，年營業額陸續創新高。

那個年代，因為國家欠缺外匯，所以只要是外銷產業，銀行都會積極爭取。搬到碧華街後，碰巧某銀行在正義北路設立新的分行，銀行協理看重外銷產業，特別前來拜訪，邀請我至該行開戶，願意提供較優惠的貸款利率，建議用房子抵押，分十五年攤還。如此一來，我才較無後顧之憂，不必再每天籌錢、跑三點半，工廠經營也再上層樓，更在民國六十六年獲得經濟部工業局、國貿局、商品檢驗局等獎勵與輔導，以及金屬工業發展中心、台灣手工具同業工會支持，業務迅速成長，客戶遍佈全球，包括美、歐、澳、亞洲，以及比利時、瑞典、義大利、德國、法國、香港等地。「量泰」的品牌因此建立起來，其英文名稱「LT」更是揚名國際，商標在國內信譽和口碑皆相當良好，成為國內、外從事五金和機械工廠中的佼佼者。

增建量泰樹林廠 業績長紅

在國外，凡經營五金生意者，無人不知中華民國的「LT」，名聲響亮，稱得上是當時的「台灣之光」！外國客戶都相信，訂單只要交給「LT」就一切妥當，絕對可以得到最優質的產品，感受高效率的服務，所以業績蒸蒸日上，廠房再度不敷需求。

於是，我又另覓新廠房，並且思考公司未來經營發展的方向。民國六十七年，我投資購買位於台北縣樹林鎮（現在的新北市樹林區）俊英街的六百坪土地，增建樹林廠，同時落實公司多角化經營計畫，建立全自動作業工廠，擁有五條生產線，擴大生產瑞典型油壓千斤頂、手搖千斤頂，以及腳踏幫浦（打氣筒）、三角安全架、海灘椅、手推車……等多項產品，工廠員工也增至上百人。

全自動作業的量泰樹林廠，除了五條持續運作的生產線，公司還研發一項構造特殊的雙管幫浦（Foot Pump Double Body），這項成功的研發，讓產品生產過程由原來人工操作機械設備，全面進展到系統化的機械作業，更使得原本每個月生產三萬餘台幫浦，擴大生產為六萬台，產能遠優於一般同業，一天可以外銷海外超過一貨櫃，不僅為公司創造高額業績，也為國家賺進不少外匯，實為當時國內生產幫浦最具發展潛力的公司。

建教合作 提供學子無憂環境

在事業蓬勃發展的同時，我始終不曾忘懷當年因家貧無力升學的失落感，不想讓其他面臨相同狀況的學子也感受失學的滋味；另方面，我也有感於學以致用的重要性，想推動建教合作，幫助一些有心向學但缺乏家庭經濟支持的孩子。

於是，我在興建量泰樹林廠時，便與東海中學辦理建教合作，並且特別在廠內規劃了兩間教室，讓家貧無力升學而到我工廠工作的孩子無須放棄升學，能夠白天上班習技，晚上讀書充實，又兼顧家庭生計；為此，公司長期編列預算，除了供應餐食、住宿，還支付學費和工資，提供無後顧之憂的環境，讓孩子不愁收入，又能持續學習。

台北縣私立東海中學 量泰機械廠有限公司 建教聯合招生

■ 東海中學校史

㈠本校創於民國五十一年八月，有初中部及高中部。民國五十二年奉准附設補習學校。
㈡民國五十七年奉准增設電子設備修護科，電工科及綜合商業科。
㈢民國六十三年八月董事會改組，銳意革新、增聘優良教師，充實教學設備，六年來校務蒸蒸日上。
㈣民國六十七年八月奉准增設汽車修護科、機械製圖科。
㈤民國六十八年增設機工科。

■ 量泰機械廠有限公司簡介

1.工廠沿革：
㈠民國53年設立爲量泰機械廠。
㈡民國63年奉准設立量泰企業有限公司暨量泰機械廠有限公司。
2.廠地及建築：
㈠民國53年位於三重市三和路四段。
㈡民國66年遷於三重市碧華街329、331號。
㈢民國68年遷於樹林鎮俊英街163號佔地壹仟坪。

＊師資優良，教材豐富，教學認眞。
＊工廠設備齊全，是半工半讀的最好學府。
＊免費提供一切學雜費，並設有獎學金，全年供應制服，膳宿。
＊有勞保，可享受勞工各項福利，並定期舉辦郊遊活動。

＊我們擁有以下之機械科目，任您選擇：
①油壓千斤頂 ②脚踏打氣筒 ③剪式千斤頂
④鉗工、裝配 ⑤冲模 ⑥車床 ⑦品管、生管
＊本期招生國中班50名，高中班50名額滿爲止。

裝配生產線

上.學生上課情形 下.車床實習工廠　上.學生舉行茶話會 下.學生郊遊合影

工廠內部作業情形

量泰機械廠有限公司
台北縣私立東海中學
校址：三重市三民街211號
電話：9713213·9718385·9818340
廠址：台北縣樹林鎮俊英街163號
電話：9818833·9848833·6810792·6821095

（詳細簡章備索）

▲我在興建量泰樹林廠時，便與東海中學辦理建教合作，提供無後顧之憂的環境，讓孩子不愁收入，又能持續學習。

強化孩子學習力 維持員工向心力

我知道在花東地區，有許多原住民孩子長年面臨無力升學的窘境，因此託人前往招募，期望能夠幫助這些孩子不要中輟學業，結果反應相當熱烈，曾經一次招募高達五十人。待招募人數確認後，我派專車接這些孩子和家長到樹林量泰二廠參觀，讓他們相信企業是正派經營且頗具規模的。

為了提升他們成為公司員工的意願，並且感謝他們大老遠前來，在參觀完工廠之後，我特別請「總舖師」在工廠「辦桌」，擺設幾桌豐盛的餐宴，同時在現場另置一長桌，上面擺放了現金。「只要你們願意成為量泰的員工，不但可以繼續讀書，公司還供吃住、免學費，並且有工資可以拿。……而且，今天如果當場簽約，就可以立即拿一筆簽約金回去安家。」結果，絕大多數人都欣然允諾，簽下願意在公司工讀三年的合約，既能持續學業，又能賺錢養家，真是再理想也不過。我也因此有了一批穩定率高的員工，可以應付諸多外銷訂單，同業皆無法抗衡，公司發展更為蓬勃。

建教合作措施實施幾年下來，至少幫助了上百名孩子取得中學文憑。心疼這些孩子平時的辛勤勞苦，每逢農曆年節時，我就租用遊覽車，親自帶他們前往我的家鄉——雲林麥寮敬拜神明，還撥豐碩的旅遊津貼，讓廠長帶著這批學生員工到阿里山、日月潭、忠烈祠等地盡情遊玩，吃住皆走高檔路線，等到開工日前夕，再返回工作崗位，讓他們開心留下共遊的美好回憶。

或許員工感受到我的真誠相待，他們從來不會像其他同業的員工一樣，年後就跳槽、要求調漲薪資，每位員工到了開工日都準時上工，毫無耽擱，因此穩定出貨，備獲外國客戶肯定。

▶推動建教合作，積極幫助有心向學但缺乏家庭經濟支持的孩子們。

◀心疼孩子平日的辛勞，每年農曆年節，一定提撥經費、租用遊覽車，帶領廠內建教生出遊。

▲建教生們年度旅遊，開心的在知名景點忠烈祠前留下美好的回憶。

第四章

企業十傑 何等榮耀

民國六、七十年代的台灣，經濟起飛，工業生產值開始大於農業生產值，進入了以工業為主的時代，中小企業如雨後春筍般出現。

量泰掌握時代的脈動，加上勤奮打拚，天時、地利、人和，我的事業蓬勃發展，如日中天！

專利研發與技術合作 揚名海內外

成功建立了全自動化作業系統的量泰樹林廠，產品外銷世界各國，有口皆碑，公司創下漂亮的獲益數字，聞名海內外，成為國家外銷市場的尖兵；那時公司接獲的訂單非常多，我也在台北市松江路設立貿易公司，成立國內部及國外部，分別處理內銷和外銷訂單，便於和國外廠商聯繫。

除了公司業績長紅，每個月都有龐大的外銷金額，為國家賺進大筆外匯，同時也促進良好的國民外交。當時量泰除了每年到美國芝加哥和波士頓參加展覽，每年三月，我都會由外貿協會安排，到德國科隆參加世界最大的五金展覽，而且每次出國參展都需要設立兩個攤位，一次出國攜帶的樣品需要用一個二十呎的貨櫃來裝載，方可應付基本需求，我們的展示在展場備受矚目，深獲國際肯定，曾經有義大利客戶一次下了高達五十多個貨櫃的訂單。

此外，公司還與英國大廠羅伊・路易斯（ROYH LEWIS）進行技術交流，雙方並於民國六十九年，在台北國賓飯店舉辦盛大的簽約儀式，合作生產專利千斤頂。記憶中那場簽約典禮相當轟動，當時的國內許多政要皆到場觀禮，給予我最高的榮耀，各大媒體爭相採訪，大幅攻佔產業新聞版面，足證公司產品性能優良，深得各界信賴與肯定。

雖然事業小有成就，各方讚譽有加，我仍堅持產品研發之路，不斷創新，並獲得專利登記在案，成為同業先驅。民國七十年，公司又以新發明出廠的四輪式千斤頂（IRO-ILEY JACK）輸出英國而蜚聲全球，成為當時熱銷商品，事業經營再創高峰。

▲多位外國客戶不僅在生意上往來，私下也維持不錯的交情。

▲義大利客戶誇讚公司的優良產品，雙方合作愉快。

▲民國六十九年八月，量泰公司與英國大廠簽約合作，為國家爭取外匯，同時建立良好的國民外交。

獲頒企業十傑等殊榮 轟動一時

由於我重視產品研發，大量培養人才，公司產品屢獲專利，在事業版圖上不斷創下漂亮的銷售成績。民國七十年，在別人眼中，我儼然成為優秀成功的青年創業家代表，進而獲得那時企業界的最高榮譽，當選為「中華民國第七屆十大傑出企業家」！

彼時頗具分量的「企業家雜誌」如此介紹我的成就和貢獻：

「……量泰企業公司董事長譚量吉先生，兩歲喪父，三歲喪母，由外婆茹苦含辛，相依為命，在極度赤貧下撿甘薯及甘薯葉度日維生。可以這麼說，他是餓大的孩子。誰知這位一貧如洗、孤苦無依長大的孩子，如今在事業上有了成就，而當選中華民國第七屆十大企業家，獲此殊榮，使他百感交集，淌下熱淚。這項企業的最大頭銜，使他仰天而揚眉吐氣，他發誓得到這項榮譽後，要更加倍努力，發展他的事業，以期報答國家和社會給他的鼓勵。

譚董事長主持的量泰企業公司、量泰機械廠公司，主要產品為腳踏車幫浦及油壓千斤頂，這些高級優良產品，享譽海內外，暢銷世界，甚至歐美先進國家，為國家賺進不少外匯，為國爭光。

▲集各方榮耀於一身的我，深知這都是賢妻共同打拚的成果。

現任三重市國際青商會會長的譚董事長，因為自己是貧苦出身的人，所以當他事業有所成就時，即從事社會福利公益事業，受他資助的人很多。譚董事長有一股創業的雄心與意志，他與他的太太譚許秀宜女士一主內、一主外，將來的事業一定有輝煌的發展與成就……。」

▲公司多項產品也榮獲「中華民國第二屆中外產品金牌獎」的肯定。

▲民國七十年，我當選「中華民國第七屆十大傑出企業家」，獲得那時企業界的最高榮譽。

企業家

中華民國第七屆十大傑出企業家譚量吉先生的成就與貢獻

巨人

本刊特聘孫性初大律師為本刊常年法律顧問

孫大律師事務所

▲彼時頗具分量的「企業家雜誌」對我的相關介紹。

而由我所主導經營的量泰公司亦當選為中華民國第七屆十大公司，並且榮獲全國首屆十大幫浦工業公司獎；此外，量泰公司生產的帶錶型腳踏幫浦、不帶錶型腳踏幫浦、雙管帶錶型腳踏幫浦（均為鐵質）等三種高級優良產品，又同時榮獲中華民國第二屆中外產品金牌獎！個人、公司和產品同時獲獎，在業界創下難能可貴的紀錄，當時中國時報、聯合報和台灣新生報皆以頭版刊登，轟動一時，也讓集各方榮耀於一身的我，成為企業界的當紅炸子雞。

攀登事業高峰　普獲客戶好評

這年，我三十七歲，綜觀同期獲獎的十大企業家，唯有我是「庄腳囝仔」！能在此青年之時，白手起家成功，榮獲如此多的讚譽，算是創造人生的高峰，光耀了譚家門楣，讓我頗感欣慰與自豪！回顧這一路走來，除了自己刻苦耐勞，持續奮鬥，更感恩諸多貴人的提攜，方能造就如此成績，不辱來自各界的期許。

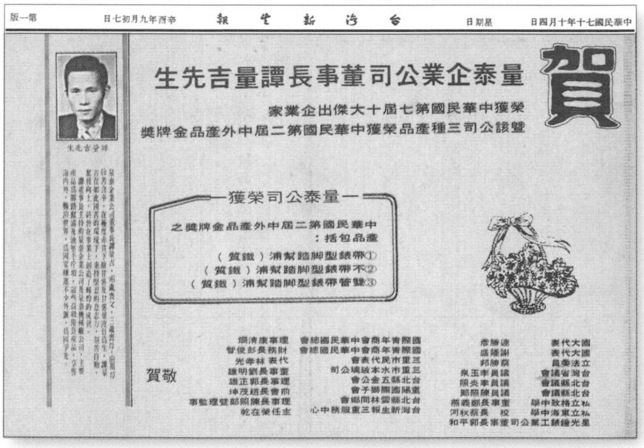
中華民國七十年十月四日　星期日　台灣新生報　辛酉年九月初七日　第一版

賀

量泰企業公司董事長譚量吉先生

榮獲中華民國第十七屆十大傑出企業家

暨該公司三種產品榮獲中華民國第二屆中外產品金牌獎

譚量吉先生

量泰公司榮獲

中華民國第二屆中外產品金牌獎之產品包括：

①帶錶型腳踏幫浦（鐵質）

②不帶錶型腳踏幫浦（鐵質）

③雙管帶錶型腳踏幫浦（鐵質）

敬賀

▲各界慶賀我獲頒十大企業家等殊榮，協力廠商聯合刊登恭賀廣告。

次年（民國七十一年），美國聲名卓越的刊物「讀者文摘」，其紐約總部對量泰公司的產品抱持高度肯定，專程派香港遠東區代表來台接洽合作，表示量泰「LT」在美國已經頗有名氣，他們希望與量泰在美國共同推廣訂單，將公司生產的打氣筒打入美國市場，同時邀請我到美國紐約總部參觀。

能受到當時甚具代表性的重量級刊物認同，並且提出合作要求，我欣然允諾；因此，便帶著內人和英文祕書隨行，在結束美國芝加哥五金展覽的參觀行程後，隨即前往「讀者文摘」紐約總部，受到總部高規格接待，雙方也簽下合作協定，建立良好關係。日後，公司的打氣筒產品順利銷往美國，普獲當地客戶的好評，與「讀者文摘」紐約總部攜手寫下漂亮的銷售數字。

▲與「讀者文摘」合作，在美國共同推廣訂單，並受邀前往紐約總部參觀。

正當我的事業看似攀至高峰之際，孰料一場空前鉅大的災難悄然撲至，讓意氣風發的我驟然由事業的高峰跌至谷底……！

第五章

遭逢天災 一切歸零

天有不測風雲，民國七十三年，國際經濟轉趨蕭條，加上天災頻繁，除了駭人的海山煤礦災變，一場「六三水災」更是重創寶島。

「六三水災」來襲 遭逢人生遽變

「六三水災」是台灣北部史上著名的梅雨災害，從鋒面發展出來的強烈對流，造成前所未有的暴雨，台北市六小時內共降下二四八・五公釐的雨量，公館台大區域在六小時內的總降雨量更達到四〇〇公釐，時雨量高達一四〇公釐，打破氣象局觀測站八十七年來的紀錄，造成相當嚴重的水災和財產損失，一些外商如通用、愛德蒙等美國電子廠商災情慘重，甚至造成最終的關廠、撤資。

我也因「六三水災」身受其害！七呎高的淹水，讓台北縣樹林廠已經生產的打氣筒成品、半成品和生產機具都被沖毀，無法出貨！記得在我創業初期，也曾遭逢水災，那時幸獲美國客戶通融，有時間再製產品，很快再起；但這次的狀況有別於以往，由於產品量大、客戶又多，加上世界各國都知曉台灣災情慘重，國外客戶極度缺乏信心，導致訂單幾乎全數取消，業績一落千丈，損失上億元；災後業績影響甚巨，又碰上韓國廠商惡性降價搶單，加上國際經濟不景氣，國內的外銷工具機業普遍衰頹，量泰經營也面臨空前危機。

經濟環境條件差，政府卻無任何紓困方案，國內各中小企業哀鴻遍野！大環境如此艱困，事業已經大展鴻圖的我突然遭此重創，縱使至親好友有意襄助，亦無法及時周轉，填補龐大的損失，導致財務危機，公司經營無力回天，所有財產慘遭銀行查封，十餘載奮鬥成績瞬間歸零，幾乎不得翻身！

貴人慨然奧援　情義相挺可感

現在回想起當時的情況，真是辛苦萬分，令人冒了一身冷汗，感慨不已！不是自誇，我的鬥志實在是太強了，眼看樓起樓塌，從事業高峰瞬間跌落到谷底，還能夠鼓起勇氣，重新站起來，再創事業，真的很不容易！期間多虧諸多朋友、貴人的扶持，以及社團、會友的鼎力相助，方能積蓄再出發的能量，安然度過難關。

由於我平常樂於助人，若是知道他人有需要，都願意盡自己的綿薄之力，提供一點幫助，且自民國六十五年加入三重市國際青年商會後，也開始參與社團服務，所以當事情發生後，不論是三重政界、青商會兄弟或是一些相識的朋友，紛紛給予協助，一位換帖（結拜）兄弟甚至免費提供房子給我一家人居住。

三重大老蔡詩祥先生（立法委員蔡勝邦之父）深知我的為人，更出面幫忙召開債權會議，協助處理公司的債務問題，甚至有幾位債務人，因了解我的狀況，直接將債務一筆勾銷，不用我償還。

而當位於三重中正北路公司的這處房產要被法拍時，一位朋友竟將它買了下來，然後將房屋所有權狀交給我，說：「會長，看到你這樣，我們這些朋友都很心疼，這房子我先幫你買回來，你要在這裡重新站起來，絕對不可以倒下去，大家都對你有信心，加油！」親友們發自內心、自動自發的情義相挺，此情此恩，讓我銘感五內，自勉他日必定東山再起，並且回報恩情。

感謝賢妻相伴重生　未曾間斷社團公益

雖然產業歸零，但量泰公司在許多客戶心中仍是塊金字招牌，與一些國外客戶依舊持續往來，讓我深感品牌建立的重要。公司在災後接到了來自比利時的客戶訂單，我重振旗鼓，思考如何準備出貨獲利，台南友人知悉我的難處，大方借用廠房讓我製作生產；產品完工後，我與太太一起和工人包裝成箱，往往忙到深夜，待產品裝櫃、確認出貨後，再搭夜車巴士返回三重照料家人。在北上

■感恩賢妻數十年來不離不棄，一路相伴，攜手共同打造事業版圖。

的夜間遊覽車裡，只有寥寥數位乘客，皆在熟睡，我們夫妻倆也不例外，偶爾我驚醒，望著身邊熟睡的太太，滿是心疼和感恩，多虧賢妻一路相伴，不離不棄，我絕對不能辜負她，心中立誓一定要東山再起，不讓妻兒嚐到過苦日子的心酸……。那段時間，我就這樣靠著國外的零星訂單，以及台南友人的熱心襄助，賺些小錢以支付公司開銷和維持家庭生計。

雖然處於事業低潮，但為了摯愛的家人、為了情義相挺的朋友，縱使前方道路佈滿荊棘障礙，我仍要昂首向前！人生難免失意，但絕不能失志，跌倒了，就再站起來，抬起頭，挺起胸，總會看到一條路，可以繼續走下去。

當思索如何在事業上重新起步、尋覓出路的同時，對於社團公益服務，我仍持續不輟，即使當時公司營運低迷，業務不振，經濟窘迫，我依然珍惜每個為雲林鄉親服務的機會。在眾多鄉親的支持下，我不但堅守台北縣雲林同鄉會理事長的崗位，繼續推動同鄉會的會務發展，更在因緣際會下，於民國七十五年成立台灣區雲林同鄉會各縣市聯誼會，且當選創會長。

人生至此，可說是經歷大起大落，但是，不管環境如何艱困、如何險惡，我都能鼓起勇氣面對，且積極尋覓出路，未曾萌生放棄、跑路的念頭，這樣的堅持和毅力，應是源於自小環境的淬礪。無論事業發展還是社團服務，我時刻充滿鬥志，或許受到我不服輸的精神感召，每當遭逢逆境時，總有人願意伸手相助，特別是在社團會務上，地方人士和鄉親會員總是不吝出錢出力，全力支持我所推廣的公益活動，讓我可以持續公益事務，同時打拚事業，並積極尋找新的商機，終能再創事業第二春！

第六章
絕處逢生 東山再起

六三水災的重創，讓我自如日中天墜落谷底，然而，我該如何東山再起呢？仔細分析，傳統產業多已日薄西山，我也無巨資再投入機械設備，缺乏重現昔日盛況的機會，想要自谷底翻身，再創事業巔峰，唯有另覓新商機。

從金錢遊戲中抽身 打消廈門投資計畫

那麼，新的商機究竟在哪裡呢？那時金融業算是人人稱羨的「金飯碗」，民國七十八年，股市上萬點，金飯碗閃閃發亮，人人爭著去券商當營業員，沉醉於金錢遊戲中；看準這樣的趨勢，我也號召幾位鄉親成立「利臺證券股份有限公司」，合夥共創商機，想要大發趨勢財。

望著每天不斷攀升的紅色數字，飽嚐快速獲利的甜頭，我內心狂喜，做著在短時間內恢復往日榮景的美夢；但是，當股市即將瘋狂衝上一萬兩千點時，我突然間清醒了！出身傳統產業、凡事習慣腳踏實地的我，畢竟無法適應這樣虛空的金融產業，於是毅然決定退出金錢遊戲，不再繼續經營證券公司。

幸好及時抽身，上萬點的股市在眾所企盼不斷攀升之際，對岸發生震驚國際的「六四天安門事件」，原本高高在上的加權指數開始持續下跌，股市快速委靡；民國七十九年，股票更是狂跌，最大跌幅曾經一天高達六百多點，一路下滑的股市直落到四千多點，近乎崩盤，就算日後再有起色，也未曾重現上萬點的黃金盛況！

我只能慶幸脫身得早，否則肯定再度狠跌一跤！所以，在此也奉勸想要事業有成的朋友，還是在自己熟悉的領域上奮鬥，老實穩靠的賺錢比較好。

回憶民國七十六年，蔣經國總統解除戒嚴令，允許人民回大陸探親，海峽兩岸互動日益頻繁，我也在一次機緣下，由文化大學韓國瑜教授帶著包括我在內的二十六名企業家，前往大陸考察訪問。

雖然那時我的事業尚未再起，但仍然充滿鬥志，期待此行能夠敲開前進大陸的契機，延續當年創立量泰機械廠的精神，到廈門、海南島、深圳與廣東的工業城，再度放手一搏，實踐雄心壯志。但經實地考察，發現當地原物料無法普及，加上電源供應不足，一週只能營運兩天，評估條件實在不符設廠的理想；加上多位雲林同鄉希望我能夠留在台灣，繼續為鄉親服務，所以，我最終決定放棄前往大陸設廠，留在台灣打拚，並且致力推動同鄉會會務。

轉營經銷水土保持材料 自許為台灣淨土保護者

就在同時，高雄市雲林同鄉會理事長、久安公司負責人楊光遠董事長向我提出合作建議。楊董事長的公司主要生產石籠等水土保持材料，由於台灣每逢颱風季節，各地常遭受洪水和土石流的肆虐，造成道路、橋梁受損，人民生命財產蒙受重大威脅與損失，這一切都肇因於國人輕忽水土保持的重要性。

由於我經歷過幾次颱風水災的經驗，深感切身之痛，所以認同楊董事長的提議，展開合作，共同為台灣的水土保持工作克盡心力。雙方合作中，由我負責開設北部營運據點（位於台北市長安東路二段一〇八號十樓的量盛企業有限公司），轉而經營經銷石籠、不織布、ＨＤＰＥ管等水土保持材料。

當時黃大洲先生擔任台北市長，推動基隆河截彎取直工程，並且運用大量石籠修築河堤，成效相當顯著。早期基隆河未整治前，汐止地區經常受水患所苦，於是經濟部水利署第十河川局推動基隆河整治工程，我也成立毓興實業公司，參與工程承攬，全線所採用的石籠護岸，幾乎都是由我們公司供應施作；由於整治工程完工後，汐止淹水的情況明顯改善，加上公司信用佳、產品品質好，因而深獲相關業界和政府單位的肯定與好評。

自許公司能夠成為台灣淨土的保護者，我秉持環境保護重於營利的經營理念，積極參與國家重大公共建設，例如：台灣高鐵全線隧道排水工程、中山高新營段拓寬急水溪橋墩保護工程、台鐵南港站地下化、捷運工程（包括：台北捷運新莊線570E區段標泥作工程、台北捷運蘆洲線CL700B區段標蘆洲機廠景觀及泥作工程、台北捷運-CL700B / CK570C / CK570A / CK570H潛盾環片止水工程），以及國道六號南投段橋樑排水工程……等等，只要是我們公司得標的公共建設，必定以環境保護為前提，堅守優良品質的信念，戮力達成國家建設的目標和使命。

參與推行「M計畫」 獲得優良廠商殊榮

民國八十九年，我設立淵元企業有限公司，本著一貫誠信的服務，這家公司在「客戶滿意、永續經營」的信念下，業績持續穩定成長，更在民國九十四年參與內政部營建署推動的「M計畫」執行。

什麼是「M計畫」？就是「行動台灣計畫」，

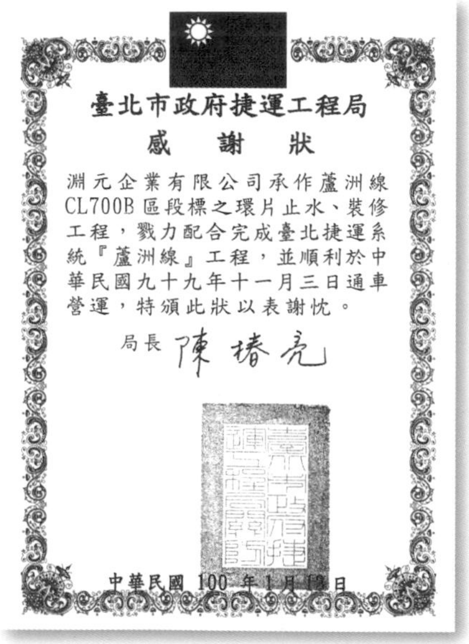

臺北市政府捷運工程局

感謝狀

淵元企業有限公司承作蘆洲線CL700B區段標之環片止水、裝修工程，戮力配合完成臺北捷運系統『蘆洲線』工程，並順利於中華民國九十九年十一月三日通車營運，特頒此狀以表謝忱。

局長 陳椿亮

中華民國 100 年 1 月 1[illegible] 日

▲淵元企業公司承作台北市政府捷運工程局蘆洲線CL700B區段標工程，如期完工，品質優良，獲頒感謝狀。

簡稱「M台灣計畫（M-Taiwan）」。民國九十二年十一月，行政院宣佈，希望藉著這項計畫，開創台灣通訊產業新紀元。民國九十三年八月，在行政院產業科技發展策略會議中，行政院國家資訊通信發展推動小組（NICI）規劃行動生活產業科技發展策略，研擬出「行動台灣計畫」，分為內政部負責執行的「寬頻管道建置計畫」和經濟部負責執行的「行動台灣應用推動計畫」，藉此加速無線寬頻應用，並帶動通訊產業發展。民國九十四年六月，該計畫在立法院三讀通過，成為台灣新十大建設的計畫之一，邁向便利通訊的新未來。

在「M計畫」中，由我們公司供應管道施工材料HDPE管，當時自韓國進口HDPE管材，每次進口就是一百個貨櫃以上，供應台灣各縣市工程多數管道材料，到後期又成立奐泰營造工程有限公司，以及本公司之關係企業等營造廠，再設立宸茂

桃園縣政府獎狀

府環衛字第 0990920746 號

宸茂營造有限公司

（寬頻桃園14標）

優等

99年度3-7月份執行『清淨好家園．一起在桃園』環境清理計畫成效良好，特頒獎狀以資鼓勵。

縣長 吳志揚

中華民國 99 年 10 月 日

▲民國九十九年，宸茂營造公司再度獲得桃園縣政府環評優等獎。

▲民國九十八年，宸茂營造公司榮獲桃園縣政府寬頻管道建置計畫「貢獻殊偉」獎彰。

營造有限公司，承攬寬頻管道建置工程，承攬工程縣市有基隆市、宜蘭縣、桃園縣、彰化縣、台北縣等，工程實績分佈全台灣，在桃園縣更因執行工程績效卓著，獲得優良廠商殊榮。

　　而在「M計畫」推行過程中，不管是材料供應量或承攬工程所完成的寬頻管道建置總數量，都是全台灣第一！在兼具品管和環保的雙重理念下，舉凡我所參與的國家重要公共建設，執行成果皆深獲各主辦機關肯定，也因此建立了公司信譽的保證。

(100)府建土字第1003024496號

臺東縣政府
Taitung County Government

感謝
宸茂營造股份有限公司
參與本縣
莫拉克颱風災後重建公共工程
特頒此狀

To appreciate
CHEN MAU CONSTRUCTION CO.,LTD
For the Participation in Taitung County's
Morakot Post-Disaster Reconstruction Project,
We award you this Certificate of Appreciation.

縣長黃健庭

中華民國100年6月9日

▶宸茂營造公司參與台東縣政府「莫拉克颱風災後重建公共工程」高度配合如期完工，獲頒感謝狀。

皇天不負苦心人，今日，我總算是東山再起，再創事業第二春！

雖然一度在事業上遭遇重大挫折，但我始終以正向、積極的態度面對人生逆境，所謂「山不轉路轉，路不轉人轉」，只要努力奮鬥、堅持信念，我相信，前方終究會有一條路可走，並出現「柳暗花明」的又一村！

譚量吉董事長創辦之關係企業

- 量泰機械廠（量泰工業社，民國六十年）
- 量泰企業有限公司（民國六十一年）
- 量泰機械有限公司（民國六十一年）
- 毓興實業有限公司（民國六十八年）
- 頎元企業有限公司（民國八十年）
- 量盛企業有限公司（民國八十一年）
- 淵元企業有限公司（民國八十九年）
- 量盛電訊興業有限公司（民國九十年）
- 奐泰營造工程有限公司（民國九十四年）
- 宸茂營造有限公司（甲級營造，民國九十六年）

第三篇

社團服務 吾愛吾鄉

我不敢奢求像歷史偉人般「立德、立言、立功」，流傳千古，但希望能在人生短暫幾十年當中，不只服個人之務，更能服百人、千人之務，做些對國家社會有意義的事，留下些許利己利人、自我心安的回憶錄。

這是我的人生觀，也是促成我畢生經營社團、服務雲林鄉親的原動力，我先後創會成立了台灣省雲林同鄉會各縣市聯誼會、台灣省雲林同鄉會（現為中華民國雲林同鄉總會）、金緣全家福聯誼會、雲林鄉親同心會、財團法人雲林同鄉文教基金會，提供鄉親團結凝聚、相互照顧扶持的交誼平台。

雖然社團活動忙碌不已，但自認個性豪爽、草根性強的我樂在其中，而且愈投入、愈狂熱！

第一章

走入公益的開端 在青商會中學習

我生於困苦的家庭，在離鄉背井、旅外打拚的過程中，備嘗遊子的辛酸，遇有委屈也無處傾訴；幸得貴人、親朋好友相助，我努力經營事業，改善生活，讓家人過更好的日子。待事業有成後，我開始接觸社團活動，回饋社會、服務鄉親，民國六十五年，首先參加三重市國際青年商會，開始行駛人生的公益志業列車。

國際青年商會 絕佳訓練園地

青商會於民國四十一年引進台灣，現在已經超過一甲子，是十八歲到四十歲、來自不同文化背景和經濟階層的青年所組成的國際性組織，可以讓青年發揮潛能，持續增強發展動力。會員遍及全世界，目的是發展領導才能、培養社會責任與增進友誼；成員以商業人士為主，除建立會員間的友誼，也鼓勵會員間在商業上異業結合，並提供跨國企業合作的機會。

青商會擁有健全的組織，會員可依據組織章程擔任不同等級的職務，透過青商會各種形式的會議與活動，積極參與、學習、體驗、成長，學習領導，進而體驗群體中各種不同角色的扮演，累積人際關係和經驗，對生活和事業提供了良好的幫助。

現今許多台灣政、商界的翹楚，曾經歷過青商會的淬鍊，我在青商會裡便得到相當好的訓練，諸如溝通協調、領導才能、口語表達……等，激發了潛能，認識多位志同道合的朋友，相互汲取事業經驗，更懂得自我成長，致力服務人群，貢獻社會。

當選三重市國際青年商會會長

民國六十六年，我的事業略有所成，因廣結善緣，地方人脈深厚，閒暇之餘加入青商會，與各

▲民國七十年，擔任三重市國際青商會總幹事，上台報告週年慶籌備會工作。

界企業菁英交流學習；在三重市國際青年商會裡，我不斷成長，逐步擔任幹部，以優異的人脈，曾一次招募二十五名會員入會，備受矚目，於是獲得葉煌森會長拔擢，擔任會員擴展委員會主委。

民國六十七年，我高票當選理事；六十八年擔任監事。後來，有人推薦我選會長，正當我出馬角逐時，有人質疑：「事業做得那麼大，怎麼有時間經營社團？遇到兩者衝突時，是自己的事業比較重要，還是青商會的會務比較重要？」那年，我獲得「十大傑出企業家」殊榮，公司和產品獲獎連連，事業如日中天！

面對質疑，我展現雲林人的氣魄和企業家的霸氣，在諮詢委員會所有成員面前，以企業經營精神，說明我若就任會長後的一年工作計畫，保證未來將以青商會會務為重，且將公司十餘名高階主管一字排開，當場表明：「這些都是我公司的高級幹部，現在每個人都授權一年，全權代我處理公司事務！」諮詢委員看到我展現劍及履及的決心，多表折服，於是，民國七十年八月，我當選了三重市國際青年商會第八屆會長。

就任受訪時，我發表感言：「雖然我在事業上有些許成就，但在生活方面仍一本初衷地節儉，刻苦自勵，因為我知道，生活與事業就像一葉孤舟，在漫無邊際的大海中漂流，不進則退。在我三十七歲的生命旅途中，不知道經歷多少艱辛與打擊，但是我沒有畏懼，也不屈服，更不氣餒，反而更加努力、披荊斬棘，開拓了事業的坦途。」

是的！這是我一貫秉持的精神和態度，人生中不管遇到多少困難險阻，我從不退縮，只有愈挫

▲民國七十年八月，我（左二）當選三重市國際青商會第八屆會長，展現服務人群的企圖心。

▶民國七十一年，我（右）在擔任三重市國際青商會會長任內，時任台北縣縣長林豐正特別頒獎感謝青商會對縣政活動的支持和貢獻。

◀民國七十一年，我（左二）帶隊參加自強活動，與會友同樂。

愈勇、奮勇直前。

會務蓬勃發展 結盟擴大視野

會長任內，我除了例行領導會務，舉辦各項聯誼自強活動，也出錢出力，務求將各項活動辦得有聲有色，也和各家傳播媒體維持良好的關係，因此，主辦活動的訊息經常出現於報章雜誌，讓「三重市國際青年商會」的名聲更加響亮。此外，我期望將青商會的視野擴大，擬定了擴大國內外結盟的年度工作計畫，透過一系列活動，讓青商會成為培養青年領袖的搖籃。結盟情況如下：

（一）與雲林縣青商會結盟為兄弟會：

民國七十一年五月三十日，三重市國際青

▲民國七十一年五月廿九日，三重市國際青商會與雲林縣國際青商會結盟為兄弟會，雲林縣國際青商會廖長茂會長（右）致贈紀念品。

▲民國七十一年五月，國際青商會第三十屆總會長林桂朱（左一）陪同我（左二）至母縣結盟。

年商會與雲林縣國際青年商會結盟為兄弟會，透過北部企業管理的新思維，與雲林以農牧為主的跨領域產業結合，謀求會務的突破。

（二）與南韓釜山青年商會結盟為姊妹會：

民國七十一年六月三十日，與南韓釜山青年商會締結姊妹會，透過平台建立國民外交，推展經濟、文化、產業交流，以及增加國際視野。

（三）與菲律賓姊妹會交流，成為曼達維市（Mandaue City）榮譽市民：

為推展與菲律賓的商業交流，率團前往菲律賓宿霧的曼達維市參訪，曼達維市被認為是「宿霧島的心臟地帶」，約有一萬家商業機構；我獲得曼達維市市長頒發「榮譽市民」狀，並致贈市鑰，至今彼此仍有互動。

▲民國七十一年六月三十日，我（左）與南韓釜山青年商會締結姊妹會，增加國際視野。

▲擔任三重市國際青商會會長期間，拜訪雲林縣縣長許文志（右）與母縣維繫友好情誼。

▶民國七十一年，我擔任青商會會長前往菲律賓與曼達維青商會交流，並成為曼達維市的榮譽市民。

◀我（左）與菲律賓曼達維青商會會長交換會旗，共同推廣商業交流。

▲民國七十一年六月，我（後排中）率領三重市國際青商會成員前往菲律賓參訪。

辦理講座活動 獲得一致好評

有鑑於青商會以孕育優秀商務領袖人才為前提，所以我辦理了一場「國家經濟發展講座」，邀請當時的財政部陸潤康部長發表國家經濟發展專題演講，讓會員們透過講座汲取新知，了解國家經濟發展政策，並與主講者進行難得的面對面交流；這場講座於三重市中正堂舉辦，有多位企業家參與，陸部長侃侃而談，聽眾認真傾聽，會後的座談會更是反應熱烈。

而三重市國際青年商會所在地的三重地區，長期面臨交通問題，我也思考如何積極解決，於是邀請當時的交通部政務次長陳樹曦、組長陳世圯、三重地方官員和民意代表，同樣在三重市中正堂，召開交通發展座談會，順利解決三重、蘆洲的交通問題，不但發揮青商會的力量，也獲得市民的好評。

此外，我還針對女性舉辦多場插花、美容等課程，以及伸展台服裝表演與比賽，增加青商會

▲擔任青商會會長期間，頒獎給表現優異的會員子女。

會員夫人和社會人士的美容、儀態訓練，使青商夫人們不但有了彼此交流的管道和話題，也可以打扮得美美的表現自我，如此，對於另一半熱中會務活動，也就少有微詞了。

在一年期的會長任內（民國七十年八月至七十一年八月），我盡心盡力強化會務、促進各地企業交流、國內外社團締盟，拓展國民外交，增加經濟、文化及教育等知識與技術合作，發揚青商會的價值觀，達成青商會的成立宗旨。

▲在青商會會長任內，太太經常陪同參加各界社團活動。

第二章

獲提拔 任北縣雲林同鄉會理事長

對於我來說，一旦踏上「公益」這條路，似乎就回不了頭了，而且這種服務熱忱會愈燒愈旺，讓人一直走下去，幹勁十足，永不停歇。

「吃果子，拜樹頭。」本意就是提醒世人要懂得知恩圖報、飲水思源，特別在有所成就之後，更要感恩曾經伸出援手拉你一把、幫助過你的人，切切不可忘本。

出生在貧困的雲林縣，我從不排斥這個地方，更以身為雲林人為榮；「阮若有一枝草，阮嘛袂拿回來咱的故鄉！」這是我的心願。

擔任第五屆理事長 提升社會優質形象

民國七十一年八月，我圓滿卸下青商會會長職務，從中學到領導才能、也擁有良好的人際關係，在台北縣（今新北市）雲林同鄉會前理事長陳照郎縣議員（擔任第二、三、四屆的理事長）的提攜與力薦下，獲得鄉親們支持，同年十二月九日當選台北縣雲林同鄉會第五屆理事長。

我以此平台為雲林出外的鄉親服務，協助鄉親度過困難，致力輔導就業、培養人才、獎勵會員子女升學、辦理會員福利、救濟會員災難、提倡正當娛樂、體育活動、宣揚文化，以及建設地方等等，期待提升雲林人的優質形象，擺脫以往出外鄉親常有黑道背景的刻板印象。

中華民國七十二年一月二日 星期日 台灣新生報 壬戌年十一月十九日 第一版

賀

量泰企業有限公司董事長
譚量吉先生 榮膺
台北縣雲林同鄉會第五屆理事長
台北縣三重市修德國民小學家長會會長

國大代表 謝隆盛
國大代表 連勝彥
立法委員 蔡勝邦
省議員 李玉泉
臺北縣議員 陳照郎
三重市長 李炎照
三重市代表會主席 蔡火石
量泰關係企業國外總代理如右：
西德總代理總裁 溫時柏
南非總代理總裁 泰利
法國總代理總裁 柏斯霍
委內瑞拉總代理總裁 凱利
香港總代理總裁 威廉
新加坡總代理董事長 許全標
正台五金工業社
鷗美有限公司
航成橡膠工業有限公司
宏記有限公司
信華企業有限公司
立椿有限公司
台南能安有限公司
員林維鴻橡膠廠有限公司
建華電子企業有限公司
日台興業股份有限公司
協豐金屬工業有限公司
詠新企業社
春成鋼鐵有限公司
員林正通橡膠廠
員林雨順橡膠有限公司
冠盛企業有限公司
同茂機械電料五金公司
高雄路竹新益工廠股份有限公司
萬泰印刷有限公司
金蝶企業股份有限公司
瑞光織帶股份有限公司
同安汽車貨運股份有限公司
劦得螺絲股份有限公司
欣亞運輸股份有限公司
三豐包裝材料有限公司
永新烤漆廠
啓路企業有限公司
千鼎企業有限公司
威捷金屬工業有限公司
功原塗材有限公司
國豐企業有限公司
環宇法律事務所
亞洲商業英文週刊社
英文世界週刊
台灣新生報三重服務中心
同賀

▲民國七十一年，榮膺台北縣雲林同鄉會第五屆理事長，各界好友同賀。

多數雲林人的個性直率，時有派系紛爭，我接任理事長後，首重和諧，以消弭派系不合為前提，展現領導風範，透過諸多活動，將同鄉會會員的情誼緊密聯繫在一起；因此，除了三重地區是雲林鄉親的大本營之外，以往會員人數較少的新莊、板橋、中和、永和及三鶯地區雲林鄉親，也有多人加入。

任內，於七十二年三月六日，在三重市中正堂舉辦青少年問題座談會，聘請刑事警察局林永鴻局長（後升任警政署副署長）專題演講，剖析青少年犯罪的原因，呼籲家庭、學校及社會給予關懷及防制，關心青少年問題，內容精彩實用，有一千餘人聽講，各級長官暨社會人士讚譽有加，中國時報、聯合報、中央日報、台灣新生報、中華日報、自由日報都大篇幅報導。

為了擴大服務層面，輔導三重、新莊、板橋、中和、永和及三鶯聯誼會運作順暢，經常舉辦大小型社會公益活動，並邀請各界長官演講，與各縣市雲林同鄉會密切往來，互相扶持，建立深厚情誼。後在鄉親們支持下，民國七十三年，我連任第六屆理事長。

任內重大活動 送愛心到雲林

民國七十三年，我的事業面臨美國客戶將訂單轉移至韓國的慘澹局面，及遭逢「六三水災」機具設備淹沒的重創，所有一切歸零，這是我人生最低潮、最心痛的時候，但我未因此喪志，仍堅守台北縣雲林同鄉會理事長的崗位，持續推動會務，延續第五屆任內的活躍精神，積極服務，並細心觀察和關懷鄉親的需求，辦理幾項貼近人心的重大活動：

（一）提倡休閒活動

為響應政府提倡婦女正當休閒活動，自七十三年八月十六日起，聘請老師講授插花技藝，為期兩個月。九月八日，響應復興中華文化，提倡正當娛樂，在中秋前夕舉辦第一屆歌唱比賽，熱絡鄉親情誼。

（二）關心弱勢鄉親

七十三年十月三十一日，召開理事會，經紀律委員會報告雲林縣四湖鄉三條崙同鄉車禍受傷後生活困難，即刻派專人前往慰問和救助；七十三年十月，新莊市同鄉呂先生貧病交迫，特地發動捐助；鄉親吳明山先生令弟車禍亡故，經與省議員陳照郎兄據理力爭，討回賠償金一〇八萬元……等等，關心弱勢鄉親的案例，不勝枚舉。

（三）免費法律諮詢服務

有感於民眾法律知識不足，遇到司法案件往往求助無門，遂辦理民眾法律扶助諮詢巡迴服務處，邀請律師為鄉親免費服務，受到鄉親們的認同與肯定。

（四）發起「愛心送雲林」活動

七十五年八月，韋恩颱風侵襲雲林，令我想起幼年時麥寮祖厝也曾經因颱風嚴重毀損，全家坐在灶口等待救援的景象，便毫不遲疑地在一星期內，會同陳照郎省議員出錢出力，並舉辦「愛心送雲林」義演大會，於九月六日在三重市中正堂舉辦救災捐款義賣，共募集一二〇萬元，以及諸多生活必需物品，由許文志縣長代為接受，幫助縣內鄉親度過難關，重建家園。

七十五年九月八日，我組團返鄉慰問災民，並至雲林縣口湖鄉弔祭颱風罹難同鄉。七十六年二月二十六日，省政府在台北市第一商業銀行禮堂頒發各界捐款韋恩風災表揚大會，我也獲得前台灣省主席邱創煥頒發「善德永彰」獎座。

▶民國七十二年，我以台北縣雲林同鄉會理事長身分回到雲林縣，關心母縣地方建設。（右起：譚量吉、雲林縣縣長許文志、台北縣雲林同鄉會第二、三、四屆理事長陳照郎）

◀台北縣雲林同鄉會創會長、前會長同返家鄉，受到鄉親熱烈歡迎。

▲台北縣雲林同鄉會和台灣區雲林同鄉會各縣市聯誼會聯袂舉辦參訪活動，會員響應熱烈。

第三章

成立各縣市聯誼會 促進團結力量

為了提升對雲林鄉親的服務，於擔任台北縣雲林同鄉會第五、六屆理事長期間，我聯絡凝聚各縣市雲林同鄉會，共組「台灣區雲林同鄉會各縣市聯誼會」，加強鄉親的互動聯誼。

此外，在擔任台北縣雲林同鄉會理事長期間，我還積極推展多元化會務，並以企業經營的模式進行資源整合，同時建立良好政商關係，使得台北縣雲林同鄉會成為各界認同的績優社團。

創立各縣市聯誼會 凝聚雲林鄉親感情

當時的國民黨組工會主任宋時選先生，對我的領導能力以及服務鄉親的態度非常激賞，建議可以成立各縣市聯誼會來擴大服務層面；在眾多鄉親的認同與支持下，民國七十四年，我團結凝聚台北縣、桃園縣、台中市、嘉義市、台南市、台東縣、台北市、高雄市雲林同鄉會，發起籌組「台灣區雲林同鄉會各縣市聯誼會」，並擔任總召集人，經過三次籌備會議研討取得共識後，於七十五年十一月二十三日，在台北縣三重市民眾服務站舉行大會，正式成立，我也當選第一任會長，這個社團是全國首創的各縣市同鄉會聯繫平台。

接任首屆聯誼會會長後，我擬訂會務章程細則，並約定每三個月在各縣市輪流召開全國委員會會議暨鄉親聯誼餐會，本著雄心壯志，我除了關心台北縣的雲林鄉親，更擴大服務範圍至全省、全國的鄉親，不管大小事，只要是鄉親的事，就視為責任；我這種堅守理念、打死不退的精神，也感染許多地方人士，舉凡會務，皆不吝出錢出力，幫忙到底，甚至和我一起南北奔走，落實對鄉親的關懷。

▲台灣區雲林同鄉會各縣市聯誼會在台東舉辦第二十二次全國委員會議，我（左五）以創會長身分代表致詞。

「親不親故鄉人，美不美故鄉水」。出門在外，同鄉相遇話家常，彷彿兄弟姊妹般熱絡，這就是雲林人永遠不變的愛鄉情懷；旅外雲林鄉親時時刻刻掛念家鄉、心繫故鄉的發展與需要，並於事業有成後，開始行駛「愛心送雲林」列車，回饋家鄉。

爭取雲科大設校

民國七十五年十二月，我結合雲林同鄉會各縣市聯誼會爭取國立中正大學在雲林縣設校，期提升雲林縣文化水準，雖然最後鎩羽而歸，仍可見雲林同鄉會關心母縣文化發展的殷切。

雲林縣許文志縣長於任內有感於雲林縣沒有一所大專院校，於是商請雲林同鄉會號召全國雲林鄉親連署積極爭取，於民國八十年終於成立了雲林科技學院，也就是後來的雲林科技大學，此時，許縣長已經卸任，由廖泉裕縣長接任，可見從連署到成功，耗費相當漫長的時間，但是終於為雲林爭取到一所大專院校，讓長期教育資源匱乏的雲林縣，也能提供雲林子弟就近學習的環境。雲林科技學院正式成立後，已經卸任的許縣長也向同鄉會表達了感謝。

愛心巡迴義診 受惠達六千餘人

民國七十七年，長兄譚玉輝仍服務於麥寮鄉公所，有感於雲林偏鄉地區醫療設施匱乏，建議並鼓勵我返鄉辦理義診，造福鄉親；我就在許文志縣長、歐明憲議長的認同與共襄盛舉下，發起由雲林縣政府、縣議會、國民黨縣黨部與雲林同鄉會各縣市聯誼會，共同籌辦「愛心巡迴義診」，由各鄉鎮民眾服務社協助提供志工服務人員，自該年三月十九日起，從海線台西鄉開始，到雲林各鄉鎮，展開長達十個月的巡迴義診，至十二月二十五日於斗六市落幕，幫助許多不便出遠門或經濟困頓無力治病的鄉親看病，脫離疾病之苦。

這個活動對於當時資源貧乏的雲林縣有莫大的幫助，我邀約雲林縣中醫師公會、大高雄佛教會協辦，以及萬國製藥公司、雲林縣針灸公會共襄盛舉，中醫義診團隊踏遍雲林縣二十個鄉鎮市，受惠者逾六千餘人。

「愛心巡迴義診」活動受到許文志縣長、歐明憲議長、陳清秀副議長的肯定與支持，也獲得聯合報、台灣新生報、中華日報、民眾日報和台灣新聞報的大篇幅報導，各界佳評如潮，許縣長特別頒發感謝狀給全程帶隊義診的中醫師公會團隊。

義診活動期間，我為了要處理公司棘手的問題，忙得焦頭爛額、分身乏術，但仍然堅持每隔兩週參與巡迴義診活動，從早到晚在場支援服務；我認為這是一件對的事，既然是對的事，就一定要堅持到底！

發揚台灣傳統戲劇 推展多元藝文技能

民國八十年，為發揚民間傳統戲劇，布袋戲大師黃海岱老先生和其公子黃俊雄先生，以及聯合報，爭取到文建會經費支持，在台灣區雲林同鄉會各縣市聯誼會的協助下，共同舉辦「布袋戲全省巡迴義演」二十五場次，提供鄉親正當休閒活動，參觀民眾人山人海，頗受各界好評。

民國八十一年間，為推展雲林鄉親多元藝能，讓歌唱人才有發光的機會，聯誼會又舉辦了「第一屆雲林盃歌唱大賽」，先在各地區雲林同鄉會舉辦初選，獲勝者再向總會報名參加總決賽；八月九日在雲林縣政府文化中心舉行總決賽，場面熱烈，約三千位鄉親到場觀賞。現在有許多雲林同鄉新生代

▲民國八十一年間，聯誼會在母縣舉辦全國歌唱大賽，為推廣雲林鄉親多元藝能，讓歌唱人才有發光的舞台，場面相當熱烈。

在歌壇演出，向外界證明了雲林子弟的優秀與才華。

扶助培育體育人才

民國八十三年，台灣區運動會在台北市舉行，雲林縣由體育會謝俊煌理事長率隊參加，由我接待並慰勉選手。當時謝理事長、選手、教練都曾提及母縣體育經費不足，無法充分訓練培養體育人才。

因此，廖泉裕縣長設立體育基金，我也發動各縣市雲林同鄉會理事長共樂捐五十萬元，協助母縣培育體育人才，及培養一些家庭貧困卻對體育有興趣的孩子，可以在無後顧之憂下，成為運動選手，代表母縣或國家參與比賽，為國爭光。

除開前述活動，聯誼會還例行舉辦年度會員大會，也陸續舉辦國內外自強活動、組團拜會省政府、推展各項敦親睦鄰、關懷弱勢、愛心捐贈等活動，提供各縣市雲林鄉親凝聚情感的平台，更進一步促進全省雲林人的團結。聯誼會也獲各界公認開創了台灣各地同鄉會之先河，樹立典範，並為日後創立台灣省雲林同鄉會（中華民國雲林同鄉總會）打下良好的基礎。

◀台灣區雲林同鄉會各縣市聯誼會委員會議由各縣市輪流舉辦，第十九次委員會議在高雄舉辦，我（中）頒發獎狀予有功人員。

▶第十九次委員會議中，我（左二）獲聘為中國國民黨雲林縣黨部顧問。

▲桃園縣雲林同鄉會八十六年新春團拜活動合影留念。

▲民國八十六年，我（前排左三）與時任國民黨祕書長吳伯雄先生（前排右三）參加桃園縣雲林同鄉會新春團拜活動。

▲台灣省雲林同鄉會獲准設立，我（前排中）與各縣市雲林同鄉會理事長參加第一次籌備會議。

第四章

惜情續緣 籌創金緣全家福聯誼會

古人云：「有緣千里來相會，無緣對面不相識。」在浩瀚的世界，結識相聚本屬不易；我們這群金陵女中的學生家長，因為子女入學的關係，相逢於學校，又因為關心學校治學和子女的學習成長，加入金陵女中家長會，協助校務推展，更是了不起的緣分。為增進畢業生家長間的情誼，並為金陵女中的永續發展再盡心力，我於民國八十五年籌組「金緣全家福聯誼會」。

金陵玉琢創輝煌 有緣千里來相會

金陵女中於民國四十五年創校，傳承南京金陵女子大學的「厚生」精神，重視師生學習與教學環境，以「德、智、體、群、美」五育為培養發展目標。創校後，歷任董事長、校長犧牲奉獻、認真辦學、治學，以及教師團隊群策群力、深耕努力，樹立良好的校風，深獲家長的賞識與肯定。

我的兩個女兒夙惠、夙婷先後進入金陵女中就讀，與「金陵」結下深厚的情緣。民國八十年，我加入金陵女中家長會，先後擔任委員、副會長及三屆家長會會長，與教師、家長們經常互動，關愛子女的學習成長，強固了師生與家長會交流的平台。

之後，我加入家長會常務委員會，除了分組定期聚餐交誼，更常常藉著全家福登山活動、戶外郊遊來聯絡感情；當大夥兒相聚時，呈現在眼前的，盡是歡笑、快樂，處處充滿和氣、溫馨；當學校需要家長協助時，委員和常委們總是先放下手邊的工作，直奔學校協助完成；委員熱愛學校、關懷子女學習成長的情懷和表現，廣獲教師、各界讚許與好評。

然而，隨著子女畢業，委員們也告別金陵女中家長會；我們這群感情融洽的家長，為了讓濃厚的感情不失散，於民國八十六年十二月七日，創立「金緣全家福聯誼會」，由我擔任創會會長。有道是「相逢是銅緣，相識是銀緣，做夥是金緣」，有幸在「金」陵女中結「緣」，大家承襲金陵女中的厚生精神，持續為金陵女中的永續發展盡心力，並

▲兩個女兒先後就讀金陵女中，我於民國八十年加入家長會，並擔任了三屆家長會會長，與校方建立了深厚的情感。

經常舉辦各項聯誼活動，凝聚情感。

金生今世繫情緣 全家和樂福滿杯

金緣全家福聯誼會的成立宗旨是：聯絡凝聚委員情誼、發揮互助互愛精神，濟弱扶傾、關懷教育、鼓勵安分守法，並促進社會和諧與繁榮。每年定期召開一次會員大會（全家福一同參加），每個月舉辦兩次登山活動，每三個月大型聚餐一次（夫妻一同參加），一年共聚餐四次；並將成員規劃為六組，分由六組輪續主辦登山、郊遊、聚餐等活動，會務單純無色彩、輕鬆無壓力、和諧又快樂、團結又隨興。

聯誼會所有成員皆是新北市中小企業的賢達菁英、社團理事長、業界公會會長等傑出人士，各個精明幹練，富有督導貫徹與組織管理的能

▲民國八十六年，我（左六）任三屆家長會會長卸任，感謝全體常務委員及委員齊心戮力協助金陵女中推展校務，頒贈感謝獎牌。

▲民國八十六年，當時的校長黃盛蘭女士（右）頒發證書，肯定我在金陵女中家長會的貢獻。

▲在金陵女中家長會長交接典禮中，楊萬運董事長（左）致贈紀念品，感謝我對學校的付出。

▲民國八十五年，時任金陵女中家長會會長，於畢業典禮上期勉金陵學子敦品勵學。

力；為讓每一位委員有機會承擔責任、使命與歷史見證，「會長」任期只有一年。

我於創會長任內，用心領導，穩健發展會務，除了辦理登山、自強活動、聚餐聯誼之外，對於會員大小事更是關注，勤問家安、禮儀祝賀，少有缺席。卸任後，持續支持學校推展教育、文化，宏揚倫理。「九二一大地震」時發動捐資，委員們慷慨解囊，共募集二十多萬元，並以最快速度送往南投賑災，散播博愛精神。

金緣全家福聯誼會成立迄今十九年，明年將屆滿廿週年，成員已經擴增至上百人，能有今日龐大的會員組織與輝煌發展，端賴歷屆會長用心傳承，與總幹事、常務委員、組長、所有委員的犧牲奉獻，還有美麗賢淑的夫人們的支持服務。

今日會務開花結果，我謹此感謝歷屆會長、常務委員、總幹事、組長與全體委員及委員夫人們真心、真誠的奉獻，也期望「金緣心、金緣情」的友誼代代相傳。

▲民國一〇一年，金緣全家福聯誼會結伴金門旅遊，心連心，手牽手，金緣全家福「讚」啦！

▲民國一〇三年，金緣全家福聯誼會日本行，會員們彼此珍情、惜緣，宛如大家庭般和樂融融。

第五章

創雲林鄉親同心會 凝聚遊子情誼

中國文化源遠流長，其中最可貴的莫過於不忘本；雲林鄉親旅北者眾，每值夜闌人靜，更心繫故鄉風土、人文。為了填補內心空虛，提供旅居台北縣市的雲林鄉親彼此交流、懷念故鄉、沐浴鄉情的環境，我創辦了「雲林旅北鄉親同心會」。

一處充滿溫馨、資源共享的歡樂園地

雲林旅北鄉親同心會於民國八十七年八月一日成立，旨在予旅居北部各縣市的雲林鄉親一個只有歡笑、沒有政治味，大家彼此交流、聯絡友誼的環境，共同結緣、歡喜逗陣。

創會精神為：單純無色彩、輕鬆無壓力、和諧又愉快、團結又隨興，重情而不重利、重心而不重名、重質而不重量、重長久而不重一時。成員皆為社會菁英，來自產、官、學、研各界，不乏重量級人物，包括總統府前祕書長黃昆輝、前監察委員林秋山、金門高分院前院長沈銀和、雲林縣前縣長張榮味、前議長蘇金煌、教育部前政務次長林聰明，以及各界社團理事長、會長和各行各業企業領袖。

同心會每月初一定期舉辦聯誼餐會，委員們都會偕夫人參加，同沐鄉情。活動不外乎聚餐、戶外活動，也不定期邀請國內外教授、學者及企業界知名傑出人士演講，內容包括健康保健、投資理財、消費權益和商業法律等資訊，以豐富人生閱歷。月會亦包括會員慶生以及結婚紀念日歡慶會，成員歡聚一堂，如同家族兄弟姊妹，交換不同領域的生活點滴，分享成功的喜悅。

同心家族十年慶 鄉誼永續百年馨

會員原以旅北鄉親為主，或許因為辦得成果豐碩，旅居各縣市的熱情鄉兄、鄉姐不惜旅途勞頓，相繼加入。我擔任創會長期間，盡心努力，在全體委員互相關懷、互信互賴之下，會員迅速成長至五十餘人，含會員寶眷已超過百人，凝聚力更強。

其中，夫人們是幸福家庭的支柱、事業成就的大功臣，對家庭無悔付出，持家教子，讓委員們在工作上無後顧之憂，全力衝刺、發展；也因為有了她們的加入，使得這個大家庭陣容更加堅強。

我肩挑十年會長，民國九十七年九月，同心會十週年慶典時卸任交棒，由最孚眾望的張朝國會兄擔任接手會長，明訂會長職務兩年一任，後分由廖森禧、張神其及陳義雄會兄接任第三、四、五屆會長，他們都是社團理事長、企業家，社團資歷與領導經驗豐厚，加上雲林人的熱情與魄力，會務推動順利，逐步將同心會帶往嶄新的境界。

民國九十九年，雲林旅北鄉親同心會更名為「雲林鄉親同心會」，期能擴大服務更多的雲林異鄉遊子。

俗話說：「創會維艱，守成不易。」幸賴各屆會長及優秀會務團隊秉持創會宗旨，盡心竭力，會務經營日新月異，雲騰廿一新世紀，這是我這個創會人所樂見的；希望同心家族本著雲林人「肯打拚、重情義、重倫理、能團結」的精神，歷久彌新、永不變質！

▲民國九十七年九月，雲林旅北鄉親同心會十年有成，我（後排左六）功成身退，交棒給張朝國會兄（後排右七），並頒發獎牌給全體會兄，感謝長期對量吉的支持。

第六章
曠日費時　成立台灣省雲林同鄉會

「台灣區雲林同鄉會各縣市聯誼會」自民國七十五年成立後，團結各縣市聯誼會，服務全省鄉親、關切雲林家鄉發展與鄉親需要，並支持母縣政府的政策，協助推動多面向工作，辦理各項雲心愛鄉公益活動，落實創會宗旨，深受各界與鄉親的肯定。

雲林旅外鄉親近九十萬人，我認為應該提升各縣市雲林同鄉會的聯誼功能，經決議擴大組織，擬向台灣省政府社會處申請更名為「台灣省雲林同鄉會」；沒想到，這條漫漫長路竟然走了十三年！

歷時十三年　成立台灣首屆一指的民間社團

我在籌組台灣區雲林同鄉會各縣市聯誼會與擔任會長期間，不斷輔導拓展各縣市雲林同鄉會成立；七十七年，我的事業正遭遇低潮，適逢文化大學韓國瑜教授組團前往大陸考察，我受邀參團，研究是否有機會將事業移往大陸發展。

我曾考慮到廈門或海南島的工業城發展，重新開創事業，後來顧及許多條件無法配合，加上許多雲林鄉親希望我能留在台灣，繼續為鄉親服務，所以就放棄前往大陸，留在台灣，並整合各縣市的雲林同鄉會，凝聚鄉親關係，同時著手準備成立「台灣省雲林同鄉會」。

台灣法規明訂：登記設立全國性社團組織，必須全省二十一縣市的半數支持才能夠申請。為此，我不停奔走各縣市，致力各會橫向溝通與聯誼，並積極輔導其他縣市成立同鄉會；民國七十八年，新竹區雲林同鄉會成立；八十三年八月，彰化縣雲林同鄉會成立；八十五年二月，基隆市雲林同鄉會成立；八十六年十月，宜蘭縣、台南縣雲林同鄉會先後成立；民國九十年，花蓮縣雲林同鄉會成立。全台總共有十三個縣市設有雲林同鄉會，跨過成立全國性社團的門檻，於是積極送件到台灣省政府辦理相關程序。

不料內政部表示，各縣市已設有雲林同鄉會，組織性質相同，無法設立台灣省雲林同鄉會，竟以這個理由退件；但我認為台灣省雲林同鄉會的組織格局與服務層面較為深廣，與各縣市同鄉會並無抵觸，遂再次發函向省政府說明。

公文往返不計其數，累積一大疊厚厚的文件，耗費很多時間，過程相當辛苦。經我與多位鄉親鍥而不捨的努力奔波，當時的台灣省長宋楚瑜交代省社會處長唐啟明，發函至內政部建請修改法令，終於在民國八十七年九月十四日，接獲內政部來函，同意台灣省政府社會處的意見，籌組「台灣省雲林同鄉會」。

▲台灣省雲林同鄉會於民國八十八年五月正式成立，並舉辦第一屆理事長暨理監事就職典禮，為雲林同鄉會注入更多源泉活水。

▶歷時十三年漫漫長路，台灣省雲林同鄉會終於成立，我（左）代表獲頒社團法人證書。

◀我（左一）在台灣省雲林同鄉會會長任內，以實際行動服務全國鄉親，辦理多項貼近雲林鄉親需求的會務活動，宋楚瑜省長（中）也應邀參加。

經過十三年的漫長爭取，皇天不負苦心人，台灣省雲林同鄉會終於核准籌組，並於民國八十八年五月二十二日，在雲林縣體育場召開成立大會暨慶典活動，我當選創會理事長，席開一千二百桌，當天除來自全省各縣市萬名鄉親返鄉共襄盛舉，各級長官、地方首長、各界代表及鄉親們紛紛前來參贊，齊同分享榮耀、見證歷史。萬人盛會也吸引大批媒體報導，展現了雲林旅外鄉親的向心力，開啟了旅外鄉親的大連結，以及縣內縣外的大互動，創造了台灣省首屆一指的社團。

以實際行動 多元服務全國鄉親

回顧這一路的堅持，望著那厚厚一大疊被退回的文件，心中真是感慨萬千，但秉持雲林人堅毅不拔的精神，以及企業永續經營的創新理念，我期待為雲林同鄉會注入更多的源泉活水。民國九十七年，因應時勢，「台灣省雲林同鄉會」更名為「中華民國雲林同鄉總會」，提供雲林鄉親們更寬廣、更多元

▲台灣省雲林同鄉會成立大會，我擔任創會理事長，率領理監事上台，與鄉親見證榮耀。

的服務面向；而我在會長任內，也辦理多項貼近雲林鄉親需求的會務活動，以實際行動服務全國鄉親。

（一）九二一地震，募款賑災

民國八十八年，「九二一地震」重創中部及雲林家鄉，我立即發起「送愛回雲林」募資及募款活動，號召各縣市雲林同鄉會募集毛毯、睡袋等物資，共五大卡車，以及募集兩百六十多萬元返鄉賑災，並集合雲林旅外鄉親，協助災民重建家園；李學聰代縣長除了迅速將物資發送災區鄉親，也向同鄉會表達感謝。

（二）關懷弱勢，捐助家扶中心和仁愛之家

民國八十八年，張榮味先生當選雲林縣長，次年，在同鄉會舉辦「表揚第一屆雲林旅外十大傑出企業家」活動，本會同時募款一三〇萬元，捐助雲林家扶中心和仁愛之家，協助弱勢孩童的成長。

（三）表揚傑出企業家

繼八十九年五月辦理「旅外十大傑出企業家」表揚後，九十年六月再度舉辦，日後亦陸續舉辦，肯定雲林子弟的努力和成就。

（四）辦理雲林籍十大傑出警察人員表揚

為擴大表揚雲林籍傑出警察人員，在內政部張博雅部長及台灣省趙守博主席任內，表揚雲林籍十大傑出警察人員，慰勞警政人員的辛勞，也落實回饋母縣血濃於水的親情。

期勉薪火傳 歷久而彌新

今年是民國一〇五年，中華民國雲林同鄉總會（台灣省雲林同鄉會）成立已十七年，我非常感謝歷任總會長用心傳承領導，以及全國各縣市雲林同鄉會理事長、歷屆理事長與鄉親們，認同雲鄉情誼、團結互助、快樂群體服務的創會宗旨，使會務蒸蒸日上。

我期許雲林第二代子弟能夠多多參與，親身體驗社團的服務面、行動力及價值觀，以新時代宏觀遠見與豐沛的學識，加入雲林同鄉會這個大家庭，貢獻雲林心、雲林情，讓雲林精神核心價值在各國宣揚發光、展翅國際，成為全球矚目的「中華民國雲林同鄉總會」。

▲民國九十年，舉辦選拔十大傑出企業家與傑出警察人員，我（前排左五）亦舉辦記者招待會發佈當選人訊息，表揚企業典範、警界之光。

▶民國九十年，時任內政部長張博雅（右三）與雲林縣議會議長陳清秀（左二）、雲林縣縣長張榮味（右二），聯手頒贈獎牌，肯定我（左三）對雲林鄉親長期的關懷與付出。

◀我（左三）頒獎表揚旅外十大傑出企業家，肯定雲林子弟的努力和成就。

▲台灣省雲林同鄉會關懷弱勢，募款一三〇萬元，由我（右二）代表捐助雲林家扶中心和仁愛之家。

▲獻花給內人，感謝她長期支持我參與社團活動，個人公益志業列車方能順暢行駛。

第七章 創雲林同鄉文教基金會 提攜後進

民國九十一年，雲林家鄉擬推動文教工作，但礙於雲林縣仍處於農業社會轉型階段，經濟遲滯，教育經費不足，導致各地區文教發展工作延宕。

那年，我卸下台灣省雲林同鄉會理事長的職務，暫時放鬆心情，但熱中社團的我仍持續參加各縣市雲林同鄉會活動，也不時返鄉關心家鄉大小事，得知家鄉許多學子勤勉向學，卻因為家境清寒或發生變故，以致未能順利完成學業而抱憾。為此，雲林縣張榮味縣長建議我籌辦一個社會福利基金會，繼續服務鄉親、照顧關懷家鄉。

基於自幼失去父母、家貧苦學，我率先捐資一百萬元，張榮味縣長也共襄盛舉捐出一百萬元，以雲林旅外各縣市同鄉會為主體，募資籌組文教基金會；或許是我高度服務熱忱的感召，前議長陳清秀彙集鄉親捐出六十萬元，之後陸續有全國各地雲林同鄉理事長暨歷屆理事長、社會賢達、工商企業團體及各界熱心文教人士紛紛響應捐助，更有一群非雲林籍的好友也大力相挺，加入發起人行列，短短四個月，即募足新台幣一千萬元的創會基金，於是在民國九十一年十一月廿四日，正式登記成立「財團法人雲林同鄉文教基金會」，全體董監事與鄉親們肯定我的領導能力及號召力，一致推舉我擔任董事長。

提升雲林文教氣息 設置基金獎勵資助

雲林同鄉文教基金會為激勵雲林子弟敦品勵學，頒發績優清寒獎助學金、急難救助金，並協同照顧雲林同鄉；同時倡導、傳習讀經教化等多面向才藝，補助學術創作、研究著述；發行鄉親求才、就業、創業資訊，以提升母縣學術、科技、教育、社會、經濟、環境生態等多元文教為宗旨，嘉惠雲林鄉親。

基金會董監事都是雲林籍翹楚，來自政界、教育界、企業界，包括雲林縣前縣長張榮味、前副縣長張清良、前監察委員林秋山、前立委黃逢時、沈銀和院長、林聰明校長，以及各縣市雲林同鄉會理事長等，共同協助推動文化教育，提升雲林藝文素質。

創會後，我積極推動文教使命，彙集全國各地事業騰達雲林鄉親的愛心捐款，設置專款專戶回饋家鄉，照顧鄉親，並獎助鼓勵雲林子弟，辦理多元藝文競賽，傳衍國粹文化。

舉辦全國書法比賽 吸引高手相互切磋

為闡揚書藝國粹與倫理道德，建構書香社會，「雲林同鄉文教基金會」自民國九十三年起，多次舉辦「雲林金篆獎」書法比賽，同時結合地方辦理系列活動，行銷雲林家鄉與各地優質農漁特產，促進族群融合，也開拓人民快樂、幸福的美好生活。

第一屆「雲林金篆獎」書法比賽暨雲林農漁特產展示會

民國九十三年，「二〇〇四第一屆雲林金篆獎書法比賽」於雲林縣虎尾科技大學舉辦，同時舉辦「雲林農漁特產展示會」，經雲林縣政府及虎尾科大全力協辦下，鄉親雲集，成績斐然，受各界人士及雲林鄉親的好評；這分肯定深植我心，給我莫大的鼓勵。我自認首屆金篆獎雖然不是完美無瑕，卻

▲民國九十三年，第一屆「雲林金篆獎」登場，我（前排左四）與虎尾科技大學校長林見昌（前排中）、雲林縣政府教育局局長張亙輝（前排左三），以及全國各縣市雲林同鄉會理事長於典禮前合影留念。

是我回饋母縣，為鄉親所做最好的獻禮，也啟動了文化深耕的列車。

第二屆「雲林金篆獎」書法比賽暨雲林農漁特產展示會

民國九十四年，「二〇〇五第二屆雲林金篆獎書法比賽暨雲林農漁特產展示會」移師台北縣三重市「小巨蛋」綜合體育館舉行，三重市長李乾龍、代表會主席及地方首長全力支持，共同協辦。書法比賽由五位德高望重的評審委員甄選出各組優異參賽者，並由各地方首長、社會賢達頒發獎狀及致贈獎品，活動盛大熱鬧。

當天，立法院長王金平、總統府前祕書長黃昆輝、國民黨中常委連勝文、立委黃義交、李鴻鈞、朱俊曉、白添枝、台灣省農會總幹事張永成、親民黨祕書長秦金生、三重市長李乾龍、蘆洲市長李

▲民國九十四年，第二屆「雲林金篆獎」由五位德高望重的評審委員，選出各組表現優異的參賽者，競爭激烈，活動盛大熱鬧，我（左三）備感欣慰。

翁月娥、全國各縣市雲林同鄉會理事長等多位長官、貴賓及賢達鄉親蒞臨剪綵，同時欣賞多元藝文展演，包括耍龍舞獅、民俗藝技表演，精湛的藝能和曼妙的舞姿，博得在場人士掌聲。

「雲林農漁特產行銷展」經雲林縣農業處與省、縣農會暨各鄉鎮市農會完善規劃，提供百元農產消費券給各縣市雲林旅外鄉親，現場提供牛奶、雲林古坑咖啡、柳丁，供與會鄉親品嚐，達到行銷宣傳的目的，並驗證雲林人愛鄉愛土、真摯美善的情懷。

第三屆全國「雲林金篆獎」書法比賽暨雲林農漁特產文化行銷活動

民國九十八年，賡續辦理雲林金篆獎書法比賽，為提升書藝美學切磋觀摩，這次比賽打破前兩屆限雲林籍子弟參加的限制，擴大為全國性

▲我（右一）和前副總統蕭萬長（右二）共同頒獎給第三屆「雲林金篆獎」書法比賽各組優勝者，並留下紀念合照。

書藝比賽，凡中華民國愛好書法的國民都可以參加，並提供高額獎金及豐厚獎品。同年四月二十五日，在台北縣三重市「小巨蛋」綜合體育館及綜合運動場舉辦「二〇〇九第三屆全國雲林金篆獎書法比賽暨多元藝文展演及雲林農特產品展示會」系列活動。

「雲林金篆獎」書法比賽的量與質逐年提升，這一屆共有一千一百六十九人參加初賽，經過初、複選，最後入選者有四百零五人。

評審委員均為重量級，包括蘇天賜教授、羅振賢教授、陳維德教授、連勝彥博士與蔡俊章博士等五位。副總統蕭萬長先生親自頒發各組別第一名獎狀、獎金並合影留念，讓得獎者感到無比榮耀。此外，台北縣長周錫瑋、議長陳幸進，雲林縣副縣長李應元、議長蘇金煌，監察院副院長陳進利、前監察委員林秋山、三重市長李乾龍，中華民國雲林同鄉總會歷屆總會長及全國雲林同鄉會理事長、理監事等鄉親與會，並上台頒發優勝獎。

▲我（右三）與時任立委張嘉郡（左一）、台灣團結聯盟黨主席黃昆輝（左三）、立法院院長王金平（左四）、台北縣縣長周錫瑋（右四）、三重市市長李乾龍（右一）聯袂剪綵，揭開活動序幕。

藝文表演包括音樂、歌唱、武術及舞蹈等，例如雲林縣政府文化處參贊的民俗技藝表演——車鼓陣、駛犁歌、布袋戲等，展現濃厚的鄉土風情；古箏彈奏，旋律絲絲入扣，安可聲中，連奏三曲；接著由百合合唱團優雅合唱、三重愛鄉會的日本演歌秀；金陵女中展演曼妙的中東肚皮舞；還有楊氏太極拳、王老師的胡琴演奏、雲林媳婦女兒聯誼會演出「雲林人」，強烈展現雲林人的團結情義，精彩的節目博得熱烈掌聲。

「雲林農漁特產品展售會」規劃旅外各縣市雲林同鄉會提供廿個各地特產展售攤位，還有雲林縣農會的六十個攤位，有熱食、有冷飲，也有地方特產及小吃。為了刺激消費，縣府農業處提供面額一百元的兩千張促銷券，縣農會與二崙鄉公所分別提供古坑咖啡、二崙鄉西瓜免費品嚐；桃園縣雲林同鄉會楊啟忠理事長滿載一卡車新鮮蔬菜來，以十元一包拋售，吸引瘋狂搶購，帶動現場買氣。

第四屆全國雲林金篆獎暨海峽兩岸書法比賽暨藝術、產業文化觀光行銷嘉年華會

雲林同鄉文教基金會於民國九十一年成立，先後辦理第一、二、三屆「雲林金篆獎」書法比賽，前三屆比賽報名踴躍，參賽人數一屆比一屆多，基金提供的優勝獎金也相對提高；尤其是第三屆書法比賽擴大為全國性，在國內書法名家的評選下，成績斐然，顯見這項活動深獲鄉親及社會各

界肯定。

建國百年時，雲林同鄉文教基金會盛大籌辦第四屆「雲林金篆獎」，這次更擴大為「海峽兩岸書法比賽」，打破中華民國國籍限制，開放在台陸生或大陸雅好書法人士報名，期能推升中華書藝學風，促進海峽兩岸族群融合與文化交流，開啟兩岸希望之窗。

第四屆「雲林金篆獎」暨「海峽兩岸書法比賽」受到社會各界熱烈回響，初賽送件作品多達一千三百六十九件；由於佳作頗多、水準之高，惟恐有遺珠之憾，經邀請全國書法、藝文名家擔任初賽作品評審委員，在新北市金陵女中厚生大樓的華群室評選，擇優錄取四百六十三人參加決賽。

▲第四屆「雲林金篆獎」延續前三屆良好的成果與經驗，獲得各界熱烈回響，參加比賽者眾多，盛況空前。

決選於十二月十日舉行，當天更擴大籌辦「多元藝文展演」暨「台灣優質農漁特產展銷嘉年華會」；這是基金會創會以來空前盛大的活動。

書法決賽吸引全國各地與海峽兩岸的文化學者、企業人士，及廣大民眾齊聚新北市三重「小巨蛋」（三重綜合體育館），四百六十三名參賽者在現場切磋書藝，比賽結束，由書藝界權威連勝彥教授、蘇天賜教授、駱明春老師、林政輝老師、吳啟禎老師、張穆希老師、沈耿香老師等七人擔任評審委員，評審出各組優勝。當時的副總統蕭萬長、行政院長吳敦義（後當選第十三任副總統）、立法院長王金平、多位長官、地方首長、民意代表、貴賓蒞臨頒獎。

「台灣優質農漁特產展銷嘉年華會」於當天上午十時，在新北市三重區運動場及向日葵廣場舉辦開幕式，馬英九總統、中國國民黨榮譽主席吳伯雄、地方首長、民意代表、貴賓與各縣市雲林同鄉會理事長等三十餘人蒞臨剪綵，現場湧入千餘名鄉親、民眾觀禮，場面浩大，熱鬧非凡。

主辦單位規劃設置一百個各地特產展示攤位，有雲林北港花生、生鮮蔬果、新北市文山包種茶、八里鮮玉筍、台灣省農會之台農乳品、台灣省漁會的海鮮產品，還有雲林古坑咖啡、柳丁免費試飲品嚐等，鄉親民眾相偕前往觀摩及購買特產。

雲林同鄉文教基金會辦理書法比賽與藝文、地方產業等等系列活動，是為了倡導傳習國粹與多面向才藝，並藉由活動人潮串聯舉辦「台灣優質農漁特產展銷嘉年華會」，行銷推廣觀光產業，陶冶國人邁向「生活藝術化，藝術生活化」，並增加地方經濟收益，協助照應各地鄉親。

▲二〇一一多元藝文活動展演暨台灣優質農漁特產展銷嘉年華會，我（左一）陪同時任總統馬英九（右二）、國民黨榮譽主席吳伯雄（右一）等貴賓蒞臨開幕式並剪綵，為活動增添無限光彩。

■活動現場湧入六千餘名鄉親、民眾觀禮，場面浩大，熱鬧非凡。

勤學樸實 獎勵資助

幫助孩子改造人生

近年來，雲林縣努力創新農業經濟，但較缺工商業，多數鄉親從事農、漁業，家庭環境貧富不一，導致教育水準落後；為暫解部分學子之急，我與董監事研商籌集助學基金，幫助、獎勵家境清寒或遭遇特殊急難，但刻苦奮發、敦品勵學的學子，於是開辦「勤樸獎」清寒獎助學金，給孩子一個改造未來的機會。

第一屆「勤樸獎」百萬清寒獎助學金

雲林同鄉文教基金會成立的目的在推動雲林縣的教育文化。民國九十七年一月五日，在雲林縣麥寮高中舉辦「清寒獎學金頒獎典禮」，副總統蕭萬長在會中專題演講，講題是「如何讓農民過好生活

▲我（左二）與中華民國雲林同鄉總會歷屆總會長致贈紀念品予時任行政院長吳敦義（右三），感謝他長年對雲林鄉親的關懷與支持。

的農業政策」，說明政府相當重視農民的生活，並提出提升農業相關政策，落實照顧農民。

與會貴賓有雲林大老——台聯黨主席黃昆輝、前縣長張榮味、議長蘇金煌、雲林縣副縣長林源泉、立委張嘉郡與雲林縣教育局專員曾鴻誠。此外，中華民國雲林同鄉總會第二屆總會長廖森禧、第三屆總會長吳三崎，以及各縣市同鄉會理事長、前理事長、基金會董監事、顧問與捐助人返鄉踴躍出席，受贈學生與家長也聯袂出席受獎，並參加午宴。

受獎學生的家長們，對於基金會重視清寒弱勢、雪中送炭的作為極表肯定，頒獎典禮充滿溫馨、感恩氣氛。

第二屆「勤樸獎」

基金會賡續於民國九十九年十一月十三日，在台北縣三重小巨蛋舉辦「八週年慶典大會暨頒發二〇一〇年第二屆『勤樸獎』全國雲林籍清寒績優子女獎學金」，這一屆有二百七十八人送件，經過兩階段評審，選出六十九位受獎人。

副總統蕭萬長、行政院長吳敦義、副院長朱立倫、立法院長王金平、台灣省議會前議長高育仁、教育部政務次長林聰明、三重市長李乾龍，以及地方民意代表等嘉賓蒞會，隆重頒發獎助學金，令受獎者感受到無比榮耀。

蕭副總統上台致詞，勉勵清寒學子，並頒發兩名特殊績優向上的雲林子弟獎狀、獎學金；也頒發特殊貢獻紀念品給我，期許基金會擔任政府的後盾，協助推動社會公益，為台灣社會注入慈心厚德。

▲我（右）和前副總統蕭萬長同捧琉璃金雞，自我期許雲林同鄉文教基金會的成立，除了為雲林子弟帶來新契機，給孩子一個改造未來的機會，並像母雞帶小雞一樣拉拔後進，提攜更多有心向學的優秀學子。

中華民國總統府
Office of the President, Republic of China (Taiwan)

副總統出席「財團法人雲林同鄉文教基金會」成立8週年慶祝大會暨頒發第二屆「勤樸獎」清寒績優子女獎學金典禮

公布日期　中華民國99年11月13日

蕭萬長副總統今天下午在「財團法人雲林同鄉文教基金會」董事長譚量吉等人陪同下，出席該基金會成立8週年慶祝大會暨頒發第二屆「勤樸獎」全國雲林籍佰萬清寒績優子女獎學金典禮，頒發獎學金給成績優秀的學生，期勉獲獎者要「飲水思源」，將來回饋鄉里，並推崇該基金會長期致力教育文化事業及推展慈善公益等活動，貢獻卓著。

副總統表示，該基金會成立於91年11月24日，8年來積極倡導文教藝術，舉辦了多次全國性書法比賽；此外，為了鼓勵家境清寒的雲林學子，更頒發「勤樸獎」獎掖弱勢學子，給這些優秀但缺乏資源的年輕人，使其得以完成學業，繼續追求人生的夢想。

副總統強調，過去雲林被稱為「風頭水尾」，屬於比較貧窮的地區，近年來經濟雖然漸漸改善，但資源仍然缺乏，該基金會凝聚鄉親情誼力量，落實社區人文關懷，發揮人飢己飢、雪中送炭的善行，為營造溫馨祥和社會而努力，貢獻良多，令人敬佩。

▲民國九十九年，前副總統蕭萬長出席第二屆「勤樸獎」頒獎典禮，推崇雲林同鄉文教基金會長期致力教育文化事業和推展慈善公益活動，為台灣注入慈心厚德的貢獻。

15　新新聞報　中華民國九十九年十一月十五日　星期一

蕭萬長、吳敦義、王金平出席雲林同鄉會

分享雲林文化卓越成果及肯定

副總統蕭萬長出席2010年第二屆【勤樸獎】全國雲林籍佰萬清寒績優子女獎學金頒獎典禮，表揚肯定董事長譚量吉先生。

吳敦義院長出席2010年第二屆【勤樸獎】全國雲林籍佰萬清寒績優子女獎學金頒獎典禮，肯定財團法人雲林同鄉會文教基金會。

【記者蔡良雄三重報導】由董事長譚量吉先生所領導財團法人雲林同鄉會文教基金會於在三重市綜合體育館，舉行2010年第二屆【勤樸獎】全國雲林籍佰萬清寒績優子女獎學金頒獎典禮及雲林農漁產品展，副總統蕭萬長、行政院長吳敦義、立法院長王金平出席盛會，參與頒獎活動，官蓋雲集，展現雲林人團結一心的情感，與雲林人一起分享雲林文化卓越成果及肯定，副總統蕭萬長、行政院長吳敦義對於董事長譚量吉先生回饋故鄉精神，功不可沒。

財團法人雲林同鄉會文教基金會董事長譚量吉先生自七十一年十二月九日當選擔任台北縣雲林同鄉會理事長，民國七十三年連任第六屆理事長，為造福社會，為雲林人樹立企業家之典範，發揚在故鄉地文化教育，八十五年十月二日成立台北縣金緣全家福聯誼會，八十七年八月一日成立雲林旅北鄉親同心會，為加深對全台灣雲林鄉親服務，八十八年五月二十二日成立台灣省雲林同鄉會，是全省最大的社團，譚董事長當選擔任創會總會長，舉辦一系列大型活動服務鄉親，「九二一」大地震是台灣史上一大浩劫，雲林母縣受創亦不輕，乃立即發動各縣市雲林同鄉會「送愛心回雲林」捐款二佰六十萬及毛毯、睡袋等救災物資共五大卡車，送往雲林縣政府轉往災區重建家園。

九十一年十一月二十四日成立財團法人雲林文教基金會，發揚雲林文化教育精神舉辦創新的「全國雲林金篆獎書法比賽」，成功吸引雲林人對於文化教育事業的卓越成就。董事長譚量吉再接再厲舉辦全國雲林籍佰萬清寒績優子女獎學金，對於全國雲林籍清寒績優子女設置獎學金，以鼓勵這些清寒子女面對於困苦環境，仍秉承雲林人堅忍不屈之精神，奮發向上，肯定自己，敦品勵學，豎立青年學生好榜樣。董事長譚量吉希望辦此活動，讓得到獎助學金的學生們肯定自己、獲得信心，這些學生長大後也一定會幫助別人，發揮生命的熱忱回饋鄉里。

副總統蕭萬長親自出席，並對於2010年第二屆【勤樸獎】全國雲林籍佰萬清寒績優子女獎學金頒獎典禮，肯定雲林同鄉在外打拚的精神，並對於董事長譚量吉回饋雲林之義舉，深表讚許。副總統蕭萬長還親自頒獎給雲林籍清寒績優子女設置獎學金。

行政院長吳敦義亦參加雲林同鄉文教基金頒發全國雲林籍清寒績優子女獎學金典禮，他肯定基金會助學用心，讓清寒學子安心就學，吳敦義指出，清寒獎學金理應是我們公部門政府應該做得的事，如今由雲林同鄉文教基金來做，值得我們效法及推崇。

除了【勤樸獎】全國雲林籍佰萬清寒績優子女獎學金頒獎典禮外，還有舉行的台北雲林日暨農特產品展售會，活動會場由縣府文化處李明岳處長、農業處呂政璋處長等主管主持，結合在地農產品業者、藉由展售會將最新鮮優質的農特產品，以及2010台灣咖啡節宣傳活動，一同分享來自雲林的咖啡香以及濃厚的人情味，也讓民眾走一趟展售會，就能一次買齊最優質、最安全的雲林農漁特產品。

▲媒體報導多位鈞長肯定雲林同鄉文教基金會的成立，樂於出席參與活動，分享雲林文化卓越的成果。

▲我（右二）頒發高中組第一名獎金、獎狀。

▲行政院院長吳敦義（右二）頒發大專組第一名。

▲立法院院長王金平（中）與高中組第二、三名合影。

▲我（右一）、行政院院長吳敦義（左三）與各組別優秀學子合影。

▲民國九十九年，行政院副院長朱立倫（中）出席第二屆「勤樸獎」頒獎典禮並上台致詞，勉勵清寒績優的孩子們能克服困境力爭上游，我（右五）與各界長官、基金會董監事齊同合影。

第三屆「勤樸獎」

為了持續嘉惠雲林學子，我持續奔波，匯聚全國鄉親之愛鄉情懷，再度籌集百萬元，於民國一〇二年四月十三日，在雲林虎尾農工職校學生活動中心盛大舉行「十週年慶典及第四屆董監事就職暨頒發第三屆『勤樸獎』雲林清寒績優子女獎助學金」。

頒獎典禮中，副總統吳敦義夫人蔡令怡、立法院長王金平、雲林縣前縣長張榮味、雲林縣議會議長蘇金煌、立委張嘉郡、行政院政務顧問許恆慈、前立委張麗善、前立委黃逢時、雲林縣政府教育處副處長孫綿凰……等多位長官前來觀禮，並頒發大學組及高中職組共六十九位績優清寒學子獎助學金。

受頒贈獎學金者包括：高中組含專科學院一、二、三年級生，大埤鄉籍國立台灣海洋大學陳永晏等三十七人，每人一萬元；大學組含專科學院四、五年級生，虎尾鎮籍劉展嘉等三十一人，每人兩萬元。其中，特殊組就讀揚子高中職校的廖翊婷，獨得三萬元，並由她代表向基金會雲林長輩致謝。頒獎典禮有六百餘人參加，場面溫馨崇隆。會後「辦桌」招待受惠學生及尊親師長，還安排藝文、舞蹈、音樂等表演節目。

基金會一連舉辦三屆「勤樸獎」百萬清寒績優子女獎助學金，雖然金額不大，目的在於拋磚引玉，喚起更多善心人士發揮愛心，濟助更多貧窮、遭逢變故的家庭子女完成學業，希望他們將來學成後能夠報效家國，並回饋需要幫助的人，這才是學子之幸，家國之福。

▲接受媒體採訪，希望藉由「勤樸獎」的舉辦拋磚引玉，喚起更多善心人士發揮愛心，濟助更多需要幫助的孩子。

▲我（左）贈獎特殊境遇組，由揚子高職廖翊婷同學獨得三萬元獎學金。

▲我（右四）與立法院院長王金平（左四）共同頒發第三屆「勤樸獎」清寒績優子女獎學金。

▲我（右五）與內人譚許秀宜（右六）頒獎給清寒績優子女。

▲我（左六）頒發基金會第四屆董監事當選證書暨顧問聘書。

▲我（中）辦理冠名獎學金，讓雲林子弟在就學上，得到更有力的支持力量。

第一屆雲之鄉冠名獎學金

為了進一步協助培育雲林菁英子弟，兼顧獎助學優清寒子弟，民國一〇三年初，我擬定以專款辦理「雲林母縣廿鄉鎮市弱勢清寒認養捐助暨培育雲林菁英子弟獎助計畫」；於三月十四日召開董事會議，議決辦理「二〇一四第一屆雲之鄉冠名獎學金」。

這個獎學金分為國中、高中年級「頂尖菁英」與「清寒學優」兩類，以個人捐資認養就讀一年級學生、一年一萬元、三年共三萬元的獎助方式，鼓勵雲林子弟志學向上。

此案受到董事會董監事、顧問、各縣市理事長、歷屆理事長、雲林鄉親及各界善心賢達熱烈響應，短時間內就籌到七百五十六萬元，讓二百五十二名莘莘學子受惠。

此案共有九百六十六名學生申請，分審

工作相當艱鉅，我趕緊致電董事張輝政先生，即東海高中校長，協請奧援初審作業。張校長（現任台中市私立弘文高級中學校長）盡速安排十五位新北市各級學校校長、主任級師資團隊挑燈夜戰，我也派公司員工前往加班作業，基金會執行長蔡緊雄老師也全程協助。經張輝政校長指揮配置級組類別、分審、檢審，終於在晚上十點完成資格門檻審查。

為力求公開、公平、公正，後於九月二十六日進行複審，由教育部前部長楊朝祥（佛光大學校長）、雲林縣政府前副縣長張清良、新北市政府教育局副局長洪嘉文、內政部警政署副署長蔡俊章、教育部國教署署長吳清山及副署長黃子騰、國立華僑高中校長蔡枳松、私立能仁家商校長林佳生、台灣省教育會理事長李建興、教育部前政務次長林聰明（南華大學校長）、雲林縣政府教育處處長邱孝文、雲林縣林內國中校長林俊賢、新北市東海高中校長張輝政、雲林縣立斗南高中校長游淑英等十四人擔任評審委員，綜複整體評比後，共有二百五十二名雲林學子通過，經董監事會議拍板核發獎助。

一〇三年十一月十五日，在雲林縣虎尾鎮上禾宴會館舉辦「一〇三年第一期雲之鄉冠名獎學金頒發暨雲鄉送暖感恩餐會」，監察院長張博雅、國策顧問蕭天讚（前法務部長）、國策顧問林水吉、教育部國教署署長吳清山、警政署副署長蔡俊章、南華大學校長林聰明、雲林縣前縣長張榮味、前立委黃逢時、雲林縣前副縣長張清良、雲林縣政府教育處督學陳麗美等嘉賓蒞臨頒獎。

監察院長張博雅致詞提到，雲嘉一家親，這是雲林同鄉文教基金會的義舉，她受邀後義不容辭參

▲我與內人分別頒發冠名獎學金給獲獎學生或家長代表，鼓勵學子們勤奮向學。

◀為了進一步協助培育雲林菁英子弟，兼顧獎助學優清寒子弟，我以專款辦理獎助計畫，「雲之鄉冠名獎學金」於焉誕生。

▲我期勉學子們用功讀書，成為社會菁英，未來亦要懂得飲水思源，積極參與社會公益服務。

加；前法務部長蕭天讚（國策顧問）致詞，感謝雲林鄉親當年對他競選立委時的協助；教育部國教署署長吳清山回憶四十三年前家貧時，領到五百元獎學金，造就了後來的他，並以此勉勵受獎同學。

當天，除有二百五十二名受獎學生與尊親師長出席，各界長官、貴賓、以及來自全國各縣市雲林鄉親共聚一堂，有近千人參加，席開一百零九桌，盛大、熱鬧又溫馨。

雲林同鄉文教基金會開辦各項公益，我都以活動養活動的方式募款，或不定期接受各界企業善心賢達樂捐，聚沙成塔、積少成多，方能永續辦理各項藝文及獎助學金活動。謹此感謝七十九位各行各業雲林企業賢達冠名捐助人認同、認捐、認養，也感謝基金會董監事、各縣市雲林同鄉會理事長、前理事長及鄉親賢達等捐資認桌，辦理百桌「感恩餐會」。

第四屆「勤樸獎」

第四屆「勤樸獎」百萬清寒助學基金，由擔任董事、旅居宜蘭地區的台西鄉親——羅東鋼鐵（股）公司董事長丁裕權與副董事長丁向文兩兄弟樂捐。兩位鄉賢於一〇四年初，其父親人生功德圓滿仙逝後，遵循遺願，除婉拒各界致奠，並慨捐新台幣一百萬元，藉由基金會平台頒發這項嘉惠雲林子弟的獎助案。

為了將清寒助學金落實發放在雲林母縣廿鄉鎮市，我邀集董監事返鄉拜會雲林縣政府，並於教育處會議室召開報名申請獎助說明會，母縣各級學校校長與代表人與會。

本次獎助案共有二百二十六件申請，由南華大學校長林聰明、雲林縣政府教育處處長邱孝文、雲林科技大學校長侯春看、台中市弘文高中校長張輝政、國立華僑高中校長蔡枳松、警政署前副署長蔡俊章，以及雲林縣斗六高中校長劉永堂、麥寮高中校長林正雄、北港高中校長蔡孟峰等教育專家學者，組成「審薦委員會」，並擔任評審委員，後由基金會董事張聰明、副執行長吳鳳山邀請雲林地方議員、里長等代表，將雲林縣境內分為海線、山線，進行實地訪查，經評審委員兩次檢複審確認評選，由董監事會議議決核發。

其中，大學特殊境遇組一名，撥發五萬元；高中職特殊境遇組一名，撥發三萬元；大學組二十四名，各撥發二萬元；高中職組四十九名，各撥發一萬元，總共撥發新台幣一〇五萬元，計七十五名雲林學子受惠。

一〇四年十月三日上午十時，於雲林縣斗六市公所「斗六廳」辦理頒獎暨感恩餐會，雲林縣長李進勇、教育處科長林慧蓉、新聞處公共關係科科長楊惠仙，外交部雲嘉南辦事處處長江國強大

▲羅東鋼鐵（股）公司董事長丁裕權、副董事長丁向文慨捐第四屆「勤樸獎」百萬元善款，我（左）是基金會董事長，代表全體董監事頒贈感謝獎牌予丁向文副董事長。

使、斗六市長謝淑亞、立法委員張嘉郡、行政院雲嘉南服務中心執行長張麗善、行政院政務顧問許恆慈、雲林縣議會前議長蘇金煌、副議長蘇俊豪、虎尾鎮長林文彬、中國國民黨雲林縣黨部主委許宇甄、中國國民黨台南市黨部主委鄭慶珍、立法委員參選人吳威志、警政署警政委員高坤輝、台中市警察局前科長張德以、台北市警察局前警政監丁志元、新新聞報社長陳萬好、經濟部加工出口區管理處副處長趙建民，以及中華民國雲林同鄉總會歷屆總會長、副總會長，全國各縣市雲林同鄉會理事長、前理事長、理監事、總幹事及雲林士紳賢達蒞臨觀禮。雲林科技大學校長侯春看特派學校親善大使擔任志工，奧援活動事務。

雲林同鄉文教基金會是以雲林旅外各縣市同鄉會為主體的法人基金會，匯聚全國雲林鄉親與各界企業人士的愛心，大力籌集資金，頒發清寒獎助學金，目的是「要給孩子一個改造未來的機會」；發放獎助學金的方式，不同於其他社團經由學生就讀學校發放，而是舉辦頒獎典禮，以「現金」發放，並辦理溫馨餐會，請受獎學生至活動現場領取，並邀請高層長官蒞會頒獎，同時懇邀受獎學生的尊親、師長出席觀禮，參加盛宴。

此舉是要讓受獎助的學子、家長和旅外鄉親長輩們共聚一堂，深刻體會旅外鄉親與社會各界企業家，於努力打拚、事業有成後的愛心奉獻，勉勵受助學生或曾經接受社會關懷的學子，一定要用功讀書、尊敬師長、孝順父母、吃苦耐勞、力爭上游，成為社會菁英；將來也要飲水思源，積極參與社會公益服務，找回「斯土斯民之情感、吾愛吾鄉之情懷」。

▲基金會全體董監事、顧問群，我（站立前排中）以及前教育部政務次長、南華大學校長林聰明（站立前排左六）和前教育部國民及學前教育署署長吳清山（站立前排右六），同為冠名獎學金的籌備而努力。

▲民國一〇三年五月廿五日，冠名獎學金籌備委員會至立法院研議獎助辦法，會後，我（右四）與國教署吳清山署長（中）以及董監事合影留念。

譚量吉社團服務經歷

- 中華民國雲林同鄉總會創會總會長
- 財團法人雲林同鄉文教基金會創會董事長
- 台北縣雲林同鄉第五、六屆理事長
- 台灣區雲林同鄉會各縣市聯誼會總會長
- 新北市金緣全家福聯誼會創會會長
- 雲林鄉親同心會創會會長
- 三重市國際青年商會第八屆會長
- 中華國際觀光漁業發展協會理事長
- 中華譚氏宗親會榮譽理事長
- 中華民國中醫學術會名譽理事長
- 中華全球藝術文創協會榮譽理事長
- 社團法人雲林縣志願服務協會榮譽理事長
- 台北縣國際同濟會一九八二年候任會長
- 台北縣私立金陵女中家長會前會長
- 台北縣明志國中家長會前會長
- 台北縣三重市修德國小家長會前會長
- 雲林縣針灸公會永久名譽理事長
- 中國晚報台北縣管理處處長
- 中國文化經濟發展協會副會長
- 台北縣私立金陵女中文教基金會常務董事
- 台北縣五金公會常務理事
- 台北市譚氏宗親會常務理事
- 國際青年商會世界總會參議員
- 中華民國營造工業同業全國聯合會理事
- 台灣區綜合營造工程工業同業公會理事
- 世界昭倫宗親會理事
- 台灣區手工具工會理事
- 台北聖賢宮前主任委員
- 台北市鎮西宮主任委員
- 台灣新願景論壇協會顧問
  （前副總統吳敦義首任理事長）
- 中華世界民族和平展望會總顧問
- 中華文化國際交流協會榮譽顧問
- 三重區護山宮圓醮委員會顧問團團長
- 中華民國體育運動總會總顧問
- 江西省龍虎山天師府榮譽長老顧問
- 台北市王老禪老祖慈善會顧問
- 台灣區防火安全建築材料協進會顧問
- 新北市青果公會顧問
- 中華民國廣播節目協會第十三、十四屆顧問
- 高雄市雲高慈愛會顧問
- 台北市千禧獅子會顧問
- 中華民國紳士協會三重分會顧問
- 台灣武藝文化研究協會顧問
- 台中市沈氏宗親會榮譽顧問
- 台北縣鐵器商業公會顧問
- 板橋自強青商會顧問
- 新北市西服公會顧問
- 三重區射箭委員會顧問
- 三重市長泰民防中隊顧問
- 三重市慈福民防中隊顧問
- 三重市光明民防中隊顧問

第四篇
國策顧問 勇於建言

多年耕耘社團、公益服務的成果，以及對地方建設的參與和付出，形塑了我在眾人眼中的熱心形象，以至於成為馬英九總統主政時聘任國策顧問所考量的人選。

民國九十九年初夏，全國各縣市鄉親賢達的連署書送至總統府，推薦我擔任國策顧問；同年秋末，渥蒙前副總統蕭萬長之拔擢推薦，並承獲馬英九總統肯定，建國一〇〇年元月，我獲聘任為國策顧問，實乃個人長期秉持愛家、愛鄉和愛國的情操，盡一己之力，數十年奉獻國家社會和大眾，受到了總統的認同與肯定，著實欣慰與感恩。

榮任為總統府國策顧問後，我多次向政府提出國政建言，為國家發展克盡心力，不分黨派，只要能夠利益民生、照顧鄉親，絕對挺身而出，勇敢建言。

第一章 榮任國策顧問 光宗耀祖

中華民國總統府國策顧問，簡稱國策顧問，根據「中華民國總統府組織法」由總統遴選及聘任，聘期不得逾越總統任期。

國策顧問多來自不同專業領域，就國家大計或不同範疇的政策觀察向總統提供建言，並備諮詢。國策顧問過去分為「有給職」及「無給職」兩種，民國九十七年，馬英九總統上任後不再聘任有給職顧問，並於民國九十九年九月一日修正「中華民國總統府組織法」第十五條，取消有給職國策顧問。

昔日受聘省府顧問 今日榮任國策顧問

沒有國，哪有家?每次求神拜佛時，我總是誠心祈求「國泰民安，風調雨順」，因為唯有國家富強，人民才能安居樂業，家庭才能幸福美滿，所以，一旦有為國效力、為民謀福的機會，我必定義不容辭地投入。早在民國八十六年，我和當時的宋楚瑜省長相識，由於彼此有良好的交流，他非常肯定我長期投身社會公益的作為，因此聘任我為省府顧問，我也樂於奉獻。

▲我（右四）特別籌辦省長歡送會，感謝宋楚瑜先生對台灣省政的付出與奉獻。

▲民國八十七年，台灣省凍省，我（前排六）率雲林同鄉會各縣市聯誼會成員慰勉宋楚瑜省長，籲請其繼續為人民服務。

民國九十九年，某日我正前往參加新北市市長朱立倫的就職典禮，車子行經新北市大漢橋時，接到時任副總統的蕭萬長先生的祕書來電，接通後轉至蕭副總統，他表示：「會長，感謝您長期對公益活動的支持和投入，那股熱忱實在難能可貴；我奉派負責本次總統府國策顧問的遴選工作，想推薦一些社會賢達給馬總統，需要像您這樣熱心公益的人，您是否願意成為國策顧問的被推薦人？」一個庄腳囝仔能夠承蒙看重，擁有獲聘為國策顧問的機會而進入總統府，親自向馬總統表達意見，是何等光榮啊！我連聲「多謝」，感恩拔擢。

為了使蕭前副總統的舉薦更具力道，我在準備資料提供給蕭前副總統的同時，也發起連署，希望透過許多像我一樣關心政府、也願意力挺我前進總統府的人，展現支持力量；結果獲得包括雲林同鄉會各縣市理事長，還有雲林鄉親同心會等團體，以

▲我與國策顧問同僚拜訪馬英九總統，提出國政建言。（左起：黃肇松、林水吉、劉盛良、馬英九總統、譚量吉、江彥霆、顏文熙、連瑞猛）

及中國國民黨雲林縣黨部、新北市黨部主委等約近兩百餘人的連署支持。

看到這麼多社會人士連署，我感到相當欣慰，此時能否被聘任為國策顧問，已經不重要了，能獲得眾人如此相挺，此生足矣！而時任台北縣長的周錫偉先生，也特別為我寫信給馬總統，力薦我成為國策顧問，此番熱情，讓我相當感謝。

把握國政建言機會 反映社會各界意見

經過蕭前副總統的舉薦，以及多人的連署相挺，民國一〇〇年元月一日，我以「社會賢達」的身分，獲聘為總統府第十二任國策顧問。每年，國策顧問有兩次到總統府建言的機會，分別在上半年和下半年各一次，上半年約在六月份，下半年約在十一月下旬，我相當重視這分職責，認真扮演好政

▲我（前排左四）率領金緣全家福聯誼會以及雲林鄉親幹部成員前往總統府拜會蕭萬長副總統（前排中），並合影留念。

▲我（下）擔任國策顧問，得以有機會近距離聆聽國家元首馬英九總統訓勉。

▲擔任國策顧問五年多以來，我（左三）總是認真扮演政府與民間的最佳橋樑角色，深獲馬英九總統（中坐者）的讚賞。

▲我獲聘總統府國策顧問後，於民國一〇〇年六月二日率領雲林同鄉文教基金會董監事，以及金緣全家福聯誼會成員，前往總統府與馬英九總統會談。

府與民間的橋梁。

每次一接到總統府國策建言會議通知的信函時，我便啟動SOP（Standard Operation Procedure，標準作業程序），立刻發文給各縣市雲林同鄉會理事長、雲林縣各鄉鎮市長，以及縣議員，詢問他們有什麼攸關地方建設或民生的需求，是我可以代為轉達意見或給予協助的？或是各鄉鎮稅收不理想，需要中央增加補助？凡各縣市有利益眾生的需求，皆可以提供有建設性、有數據的具體資料，由我當平台，向總統反映，希冀促進地方的進步與繁榮。

幾乎每回會議，我都會針對各方意見向總統提出問題且提供建議，範圍包括：國家發展、經濟、內政、司法、教育、科技、文化、農業、交通、勞動、外交、衛生福利、環境保護……等，為我們生活的這塊土地投入更多關注，讓台灣整體變得更進步、更美好。

關懷家鄉社福 不遺餘力

我這個庄腳囝仔，能夠走入總統府，當面向馬總統提出建言，都是眾人的支持，尤其是雲林鄉親的力挺，雲林人一向團結，鄉親這麼挺我，我更不能辜負大家，所以除了針對國家建設、社會時事提出建言，更常為了雲林家鄉的建設，向

新新聞報 中華民國一〇〇年四月二十日 星期三

國策顧問譚量吉力促進雲林地方建設發展

▲為了家鄉的建設，向總統提出各項建言。

▲一紙聘書，責任與使命。

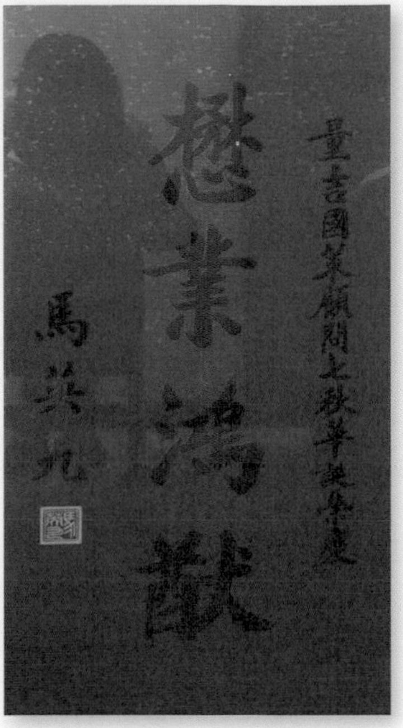

▲民國一〇三年，馬英九總統
贈送我七秩生日賀匾祝壽。

▲受到馬總統的認同與肯定，我（右）有幸榮任國策顧問，著實欣慰與感恩。

總統建言，例如：雲林縣農漁業的發展、麥寮六輕道路拓寬的交通問題……等；雖然當時的雲林縣長蘇治芬及縣內許多鄉鎮市長多隸屬民進黨籍，但我服務鄉親不分黨派，只要是雲林鄉親有需要，我都會挺身而出。

辦理馬總統下鄉座談會 傾聽鄉親聲音

民國一〇〇年，馬英九總統下鄉行腳，傾聽民意，安排於四月十七日至雲林舉辦座談會。當時總統府祕書長、現任考試院長伍錦霖請我協助辦理，我趕緊把握住機會，規劃了「雲鄉社福關懷座談會暨感恩餐會」，邀集縣議員、民意代表、農會和漁會總幹事與各鄉鎮市長蒞臨現場。

四月十七日，馬總統來到雲林。愛民親民的他，率七個部會官員傾聽基層大眾的聲音，首站關心雲林地方建設發展、關切水資源，我全程陪同：上午九點三十分，參加雲林台西國小百年校慶；十點四十分，前往北港朝天宮參拜天上聖母，祈求國家風調雨順、國泰民安，雲林五穀豐收、六畜興旺；十一點四十五分，轉往雲林麥寮高中參加「雲鄉社福關懷座談會暨感恩餐會」。

在我所規劃主辦並主持的「雲鄉社福關懷座談會暨感恩餐會」中，隨同馬總統參加的還有總統府副祕書長劉寶貴、國安會諮詢委員王郁琦、教育部長吳清基、教育部政務次長林聰明、交通部次長葉匡時、經濟部工業局副局長連錦漳、經濟部水利署副署長楊豐榮、財政部國有財產局副局長周後傑、內政部社會司科長陳建志及行政院環保署空氣品保與噪音管制處處長謝燕儒等官員；國策顧問林水吉、立法委員張嘉郡、許舒博、前監察委員林秋山、中國國民黨雲林縣黨部主委陳明振及副主委許宇甄、雲林縣政府前副縣長張清良、前立委黃逢時、前立委張麗善等人，以及全國各縣市理事長、歷屆理事長和理監事等三百餘名雲林鄉親與會。

當天上午十一時四十分，首先召開「雲鄉社福關懷座談會」，馬總統親民愛民，重視雲林鄉親心聲，透過我所創辦與服務的民間社團架構民意溝通橋梁，與雲林地方民意代表、鄉親良善互動，以「正視現實、發展地方建設、雲林鄉親福祉、開創幸福雲林」為座談主題。馬總統表示，地方建設是多層面的，必須針對當前發展情勢加以評估，循序漸進推展，才能有效達到施政發展的預期指標。

會中，麥寮鄉長林松利向馬總統建言，爭取中央政府補助，解決雲林建設問題，列席的相關部會官員做出回應，允諾列入評估。另麥寮鄉民期望麥寮港改制為工商綜合港，交通部政務次長葉匡時回應，此一建設早有考量，麥寮港若改建為工商港，將會影響台北、高雄兩港的貨運量，如變成直航港，將直接影響台中港，所以確定不改為工商綜合港。

麥寮高中校長陳樹欉爭取學校興建游泳池和棒球隊宿舍，還有「勤學大樓」耐震重整（重建）經費，教育部長吳清基表示會進一步了解並帶回評估。

中華民國自來水協會理事長廖宗盛則提出，雲林縣境內高鐵沿線各五百公尺禁抽地下水，將此範圍內土地進行「平地造林」，確保安全快速興建通車，給旅外雲林鄉親更便利的交通，此案已由交通部及經濟部水利署共同帶回評估。

■民國一〇〇年四月十七日，規劃「雲鄉社福關懷座談會暨感恩餐會」，邀集雲林當地縣議員、民意代表、農會和漁會總幹事與各鄉鎮市長蒞會，馬總統傾聽民意，並予以回應，獲得雲林地方鄉鎮市民的肯定與好評。

新新聞報　中華民國一〇〇年四月十九日　星期二

馬英九親臨雲鄉社福關懷座談

馬總統參加「雲鄉社福關懷座談會」肯定國策顧問譚量吉頒紀念品。

國策顧問譚量吉為鄉親發聲良善溝通

【記者蔡良雄新北報導】住新北市的總統府國策顧問暨中華民國雲林同鄉總會創會總會長譚量吉，於十七日前往雲林縣麥寮高中特舉辦【雲鄉社福關懷座談會暨感恩餐會】，馬總統躬親與會，傾聽民意，總統府副秘書長劉寶貴、國安會諮詢委員王郁琦、教育部長吳清基、交通部次長葉匡時、旅外全國雲林同鄉總會總會長王崑山、各理事長及副理事等三百餘名雲林鄉親與會參加。

馬總統借重住新北市三重區國策顧問譚量吉民間社團架構民意溝通橋樑，與雲林地方民意代表、鄉親良善互動，以「正視現實、發展地方建設、雲林鄉親福祉、開創幸福雲林」爲關懷主題座談。於十七日上午十一時四十分召開【雲鄉社福關懷座談會】，馬總統表示，國家地方建設是多層面的，必須針對當前發展情勢來加以評估，循序漸進的推展，才能有效達到施政發展的預期指標。

馬總統說，各鄉鎮市長、各級民意代表及社會人士所提供具體方案，政府將列入參考及評估，期許廣大民眾能夠繼續支持做政府施政後盾，藉由地方國策顧問代表建言，共同爲台灣這塊土地打拚奮鬥；亦冀望雲林籍國策顧問譚量吉持續帶動鄉親、各界賢達推動社會文教蓬勃發展與公益慈善之外，最重要的是發揮國家基礎後盾功能，接收基層人民與雲林鄉親之心聲，反應政務成果，盡善鄉親發聲窗口，爲政獻策藉供國政參考俾使官民和諧、社會昇平，實踐就職「完全執政、完全負責」的莊嚴承諾。

譚量吉表示，馬總統與七個部會長官隨行下鄉，傾聽基層社會大眾的聲音，尤其是農漁民、弱勢族群、老人婦幼的福利，重視基層建設，親民愛民，得到各鄉鎮市民的肯定及好評。

雲林縣北港鎮鎮長蕭永義提出，北港為觀光重鎮，但北港糖廠的改建發展，以及北港朝天宮周邊交通問題尚待解決，因相關部門官員未出席，故將資料帶回請相關單位評估。

另，該年六輕工業區發生三起翻車事件，環保署要求六輕提出改善計畫，並在年底前完成緊急防護計畫。有鑑於民國九十九年，六輕工業區兩次大火，前監委林秋山憂心麥寮六輕環境污染，陳樹欉校長建議在麥寮、台西二鄉所有中小學設置空氣監測預警系統，教育部長吳清基允諾與相關企業溝通。

此外，元長鄉長李泗濱提報，指鹿寮大排抽水站欠缺經費，導致地方建設施工延宕；口湖鄉長蔡永常提出：鄉內九十七年九月完成「雲林南部沿海地區綜合治水規劃」期中抽排水站改善工程，尚未落實執行。

由於座談會時間短暫，現場還有多位鄉親提出攸關雲林建設發展與社會福祉需求的建言，無法即時全部回應，包括：斗六鄉民張富強、二崙鄉長廖朝魁、水林鄉農會常務理事陳振華、中國國民黨土庫鎮全國黨代表陳特凱、中華民國雲林同鄉總會第二屆總會長廖森禧，以及彰化縣雲林同鄉會前理事長暨中華民國汽車貨櫃貨運商業同業公會全國聯合會理事長謝連金、中華民國地下管道技術協會理事吳金和……等。為能有效快速反映，我彙集了眾人的建言與雲林地方發展需要之書面資料，陳請總統府及中央相關部會評估，以及循序漸進推展。

座談會於十二時二十五分圓滿結束，馬總統肯定雲林鄉親情義團結的精神，更讚佩雲林同鄉會對於社會公益、文化教育事業的付出與貢獻。以及鄉親的相互扶持，無悔奉獻，盡心協助政府推動社會工作，建立人民與政府溝通的橋梁，作為支持政府行政工作的後盾。馬總統也讚許我和各界旅外雲林鄉親賢達，於事業有成後，經常關懷雲林母縣發展與需要，抱持遊子歸鄉的心情，籌組成立「雲林同鄉文教基金會」，發動鄉親籌集百萬元辦理清寒獎學金，資助雲林清寒績優子弟力爭上游，邁向光明未來。

會後，我隨與馬總統前往雲林虎尾科技大學，參加由創價協會舉辦的「二〇一一年『珍愛地球・真愛台灣』社區友好文化節」。下午三點，再前往斗六視察湖山水庫計畫，經濟部水利署長楊偉甫簡報了執行概況。

此次馬總統的基層訪視，傾聽民意，獲得雲林地方鄉鎮市民的肯定與好評。馬總統在「雲鄉社福關懷座談會」中強調，雲林地方各鄉鎮市長、各級民意代表和社會人士所提供的具體方案，政府均會列入參考及評估，並期許廣大鄉親民眾繼續支持，作為政府施政的後盾，共同為台灣這塊土地打拚奮鬥。

此外，馬總統也冀望我除了持續帶動鄉親、各界賢達推動社會文教蓬勃發展與公益慈善，最重要的是發揮國家基礎後盾功能，接收基層人民與雲林鄉親之心聲，反映政務成果，盡善鄉親發聲窗口，俾使官民和諧、社會昇平，實踐他就職時「完全執政、完全負責」的莊嚴承諾。

■擔任國策顧問期間，我（上圖前排右四、下圖左四）經常陪同馬總統前往雲林家鄉，關心地方建設和民生產業。

第二章

協助高鐵完工 造福桑梓

台灣高鐵連結了台灣南、北主要城市，代表的不僅是速度，而是速度所帶來的現代生活新態度，高鐵所經過的每一個城市，都因而有了新生活、新氣象。

極力爭取設立雲林高鐵站 獲允啟動規劃

雲林旅外鄉親眾多，每逢返鄉時節，即感受交通不便的問題，遊子們往往要搭高鐵到嘉義再轉車，奔波辛苦；有感於高鐵生活的便利，眾多鄉親希望高鐵能夠設立雲林站，促進交通便利，帶動地方繁榮，展現未來願景。

同樣身為旅外遊子，我對鄉親們的期待感同身受，衷心企盼便捷的交通。民國九十年，雲林縣長張榮味曾為雲林縣鄉親爭取高鐵在虎尾設站，落實高鐵生活圈的美夢；政府並編定特定區五十三億元經費，包括徵收土地、整地、重劃，以及基礎建設，但高工局卻遲遲未動工興建。

早一日興建，便能早一日縮短雲林鄉親返鄉的距離，於是，雲林同鄉張麗善立委率辦公室主任張嘉郡、雲林縣議長蘇金煌，並邀請代表雲林旅外同鄉的我，聯袂拜訪台灣高鐵董事長殷琪和總經理歐晉德，爭取雲林高鐵站的動工興建，並向馬總統建言，獲應允啟動規劃。

民國一〇〇年七月十九日，立委張嘉郡與前立委張麗善在雲林虎尾國小舉辦說明會，並請當時的交通部長毛治國率高工局的長官向親鄉說明，而我也號召雲林旅北、板橋、新竹等各縣市同鄉會會長趕回雲林參與說明會，並且向鄉親們保證，待他日高鐵雲林站通車典禮時，會再號召龐大旅外鄉親搭乘首發列車，以及將來回鄉省親一定搭乘高鐵，共同促進雲林高鐵站的興隆。

有感於雲林鄉親為地方交通發展團結一心的氣勢，毛部長當場宣佈，高鐵雲林站確定會在一〇一年動工、一〇四年通車，絕不跳票！

努力有成如期營運　深感欣慰

經過眾人長期的奔走，如毛部長所言，高鐵雲林站終在一〇四年十二月如期啟動營運。當日高鐵新增苗栗、彰化、雲林三站，同步舉辦「翻轉新視野 擁抱『心』起點」通車典禮，透過視訊連線方式，同步推動象徵高鐵列車啟動的推桿，宣布新增三站正式營運通車，並且啟動全線車站驗票

■有感於高鐵生活的便利，眾多鄉親希望高鐵能夠設立雲林站，民國一〇〇年七月，立委張嘉郡與前立委張麗善舉辦說明會，我（站立者）號召雲林旅北、板橋、新竹等各縣市同鄉會理事長返鄉參與說明會。

▲高鐵雲林站於一〇一年正式動土興建，我（左一）很榮幸獲邀為剪綵嘉賓。

閘門設備功能的更新。

當我參加高鐵雲林站的通車典禮時，回顧自己與雲林同鄉好友共同奔走的過程，深感欣慰。

而高鐵雲林站的設計也頗具意涵，造型運用「雲林」在地基調，並引入「虎斑」、「虎尾」意象，以卅七組姿態各異的巨型波浪柱列，架構流線型的車站建築；建材運用輕質金屬、玻璃和具有發電功能的太陽能板，導入自然採光及通風，減少資源消耗，達到節能環保，將雲林站打造為綠建築。而站區廣場及綠地則種植大量喬木樹陣為「林」，而且還精心穿插布置「雲」型線條的步道，充分展現「雲中之林」的在地風華。

從此，雲林人增加了一條安全且快速的返鄉之路，實踐更加美好的新生活願景！

第三章

興建湖山水庫 好事多磨

雲林縣位處濁水溪下游南岸，因濁水溪的水質混濁、流量因是否雨季而呈現巨大差異，一直面臨用水不足問題。

用水不足與地層下陷問題 長期困擾

為了解決民生用水問題，民國六十八年，當時的總統是蔣經國先生、行政院長是孫運璿先生，政府開始規劃湖山水庫的興建；但湖山水庫的工程計畫卻是一直到民國九十年才核定，正式開始興建，而期間又因八色鳥生態，以及文化遺址調查，工期延宕兩年多，正所謂「好事多磨」。

位於斗六的湖山水庫是離槽式水庫，水源取自清水溪及其支流，並交替運用兩個取水口，輪流取水，以達水庫效能；水源亦會先在集水區沉澱過濾後，才進入蓄水池，能有效減少泥沙淤積的問題；而集水區面積六．五八平方公里，壩體由湖山主壩、副壩及湖南壩結合而成，總長一五二一公尺，是國內水庫最長的水壩，有效蓄水量五二一八萬噸，等於五個明德水庫。

民國九十五年，林內淨水場啟用後，由集集攔河堰供應每日十二萬噸用水，剩下不足量就得抽取地下水，每年約抽取九千萬噸，造成雲林沿海地區嚴重地層下陷；湖山水庫的興建，成為雲林人的共同期待。

解決鄉親長期用水問題 帶動雲林觀光

民國一〇〇年，馬英九總統曾訪視湖山水庫施工現場，深表期許，希望雲彰地區地層下陷具體解決方案的減抽地下水計畫，與湖山水庫相輔相成，到民國一一〇年時，能讓地層下陷獲得控制，明顯減緩。湖山水庫分三階段蓄水，第一階段即日起蓄水到水庫標高一七〇公尺，民國一〇五年七月起，湖山水庫即可正式營運供水，每天可供五萬噸水量。

雲林縣境目前民生用水每日約二十四至二十八萬噸，湖山水庫可以充分滿足民生與灌溉用水；而未來和集集攔河堰聯合運用，全面供水時，每日可供給原水逾四十三萬噸，有效緩解超抽地下水、地層下陷與民生用水等問題；且由於湖山水庫工程重視生態保育，周遭環境優美，未來也可以規劃大型跑步或自行車比賽，帶動雲林地方觀光，成為新的景點。

以前我常跟人說起故鄉「風頭水尾」，是個田間灌溉水到不了的地方，導致居民生活貧困，令人欣喜的是，這種說法可望走入歷史，雲林終將走向富饒的新未來！

民國一〇五年四月二日，工程總經費一百八十五億元、興建歷時十餘年的雲林湖山水庫終於下閘蓄水，馬英九總統特地前往視察，並和行政院長張善政一起主持引水隧道口下閘儀式，開始正式蓄水，當天我也在旁陪同。透過監視螢幕，看到引水道閘門緩緩降下，湖山水庫正式下閘蓄水，心中真是既開心又感動，苦等三十七年，雲林鄉親終於等到了！

雲林湖山水庫　開始蓄水

2016-04-03 07:39 聯合報　記者李京昇／雲林報導

總統馬英九（左一）昨天到雲林參加湖山水庫下閘儀式，水庫即日起蓄水，七月即可供應民生與灌溉用水。　記者李京昇／攝影

總統馬英九昨天到雲林視察湖山水庫，主持水隧道口下閘儀式。水利署表示，七月起即可開始供水，第一階段每天可供水五萬噸；未來全面供水時，可有效緩解雲林超抽地下水、地層下陷等問題。

■民國一〇五年四月二日，我（前排左三）陪同馬英九總統（前排中）及行政院張善政院長（前排左五）一起巡視完工的湖山水庫，馬總統並主持了引水隧道口下閘儀式。

第四章

促成燈會主辦 功不唐捐

認識我的人幾乎都知道，我一向是深藍國民黨色彩的忠貞黨員；不過，他們也都明白，只要是對雲林地方、對國家民族有利的事，我也一定放下政黨色彩，不分藍綠，甚或赴湯蹈火，在所不辭。

一通電話 盡力向中央爭取

民國一〇四年，縣市長改選，由民進黨籍的李進勇當選雲林縣長。民國一〇五年二月底，我去中部出差，在高鐵上突然接到李縣長親自來電，他表示，知道我只要對雲林有貢獻的事都會站出來相挺，希望我能夠運用總統府國策顧問的平台，向中央政府建言，為雲林縣爭取民國一〇六年全國燈會主辦權。

民國一〇五年，桃園燈會圓滿結束之後，嘉義縣和雲林縣都積極爭取一〇六年的燈會主辦權，當時媒體多數報導，交通部雖未定案，但已傾向一〇六年燈會交由嘉義縣舉辦，雲林縣取得燈會主辦權的機會非常渺茫，令李縣長極有危機感，懇請我幫忙爭取。

在電話中，我感受到李縣長積極發展縣務的誠意；而我也認為，如果能夠爭取到一〇六年的燈會主辦權，必定對雲林地區的觀光發展大有助益，鄉親可以因此受益，況且，只要是能夠為雲林鄉親做事，我絕對義不容辭；而且身為總統府國策顧問，我從來沒有改變過擔任雲林鄉親和中央政府間服務平台的理念，當下便答應李縣長，會盡全力向中央爭取。

整合各層面力量 共創觀光經濟價值

生性不服輸的我仔細分析，認為雲林已經設有高鐵站，交通相當便利，且雲林縣有七十萬人口，旅外雲林鄉親人數更高達九十萬人；嘉義縣人口僅有五十萬人，相較雲林縣，還有一段距離；此外，雲林是宗教聖地，尤其是北港媽祖朝天宮，香火鼎盛，在台灣數一數二，吸引不少信徒前往朝聖；另外，草嶺及劍湖山也是知名的觀光景點，配合高鐵設站，到雲林參觀燈會的旅客要到各大知名景點非常方便，「一日遊」不是問題。

因此，我上書當時的行政院長張善政先生，說明雲林縣政府將整合企業（如台塑六輕）、大學（如台大、虎科大）、宗教（如北港朝天宮）等各層面民間力量，合力展現台灣文化魅力和特色亮點，擬以廣達三百多公頃的雲林高鐵特定區作為燈會展場，加上大學部分校區，燈區總面積可達三五．八七公頃；除鄰近高鐵，交通便利外，旁邊尚有近三百公頃的高鐵特定區和近廿五公頃的台大校園預定地可拓展運用。且北港是台灣燈會原鄉、花燈工藝的發源地，具有豐富的宗教文化觀光內涵，將規劃作為第二燈區，除有尊重傳統的意義，結合過年期間信眾參拜媽祖的熱潮，盛況可期。

燈會主題延續農博精神，以農業出發，結合綠能光電、在地文化藝術，並邀請其他縣市和國際特色花燈共同展出，除了主燈區與精彩表演節目外，縣府也規劃配套活動、美食展售、雲林鄉鎮一、二日遊等等，估計九天的活動期間，將為雲林帶入國內外約七五〇萬參觀人潮，創造五十八億元的觀光經濟產值。

促成一〇六年度全國燈會主辦權

我綜合所有資料，並參考桃園燈會舉辦的經驗，強力向中央提出建言，並邀晤行政院祕書長簡太郎，進一步說明。我備齊所有相關資料，邀約李縣長同往。

不料前往行政院說明當日，李縣長因公務前往日本，進行雲林水果行銷活動，而改由雲林縣

總統府國策顧問 譚量吉 用箋

縣府也將嘉義高鐵站納入接駁重點車站之一，距北港燈區僅需15至20分鐘車程，串連高鐵雲林、嘉義站及相關交通接駁路線，形成完整疏運路網。

雲林縣除了是一個典型的農業縣市外，具備豐富的歷史文物古蹟及文化特色。縣內的廟宇數量更是台灣之最，例如北港鎮義民廟(寺廟第三級古蹟)、北港鎮朝天宮(寺廟第二級古蹟)、大埤鄉三山國王廟 (寺廟第三級古蹟)、西螺鎮廖家祠堂 (祠堂第三級古蹟)、西螺鎮振文書院(書院第三級古蹟)、濁水水利發電所(縣定古蹟)等；寺廟的節慶典活動也具特色，尤以舉辦超過一甲子的北港朝天宮廟的燈會最為著名；還有國寶級大師黃海岱先生對掌中戲的奉獻，這也讓台灣的布袋戲揚名於世，更讓雲林縣成為布袋戲之鄉。雲林縣內也有許多大家耳熟能詳的景點例如：劍湖山世界、草嶺風景區、石壁風景區、樟湖風景區、斗六市太平老街、林內鄉觀光農園、林內鄉草莓園、北港鎮牛墟、虎尾糖廠、華山遊憩區等都是國內著名的休憩景點。各鄉鎮的特產美食也是不可錯過，例如古坑的咖啡、柳橙、台西的文蛤、口湖鄉的台灣鯛、二崙鄉的洋香瓜、西螺米、莿桐鄉的大蒜、西螺鎮的醬油、斗六市的文旦等等，不勝枚舉。2017年若能由雲林主辦，將會呈現正港具有臺灣味的燈會，除了展現雲林縣人文風情，讓世界各國發現台灣、發現雲林之美。

量吉身為雲林子弟，也是中華民國雲林同鄉總會創會總會長，必定盡心盡力，凝聚全國旅外雲林鄉親的力量，全力支持母縣爭取2017台灣燈會主辦權。

後學 量吉 敬書 105.3.16

總統府國策顧問 譚量吉 用箋

張院長 善政 勛鑒：

季節交替，氣候多變，尚祈珍衛。敬惟閣下龍體康泰，動定綏吉，百事順遂，為祝為賀。

雲林縣政府積極爭取2017台灣燈會主辦權，縣政府**整合企業（如：台塑六輕）、大學（如：台大、虎科大）、宗教（如：北港朝天宮）等各層面民間力量**，合力展現台灣文化魅力和特色亮點。以廣達300多公頃的雲林高鐵特定區作為燈會展場，有足夠的腹地容納燈會人潮，主燈區以主辦雲林農業博覽會的農博公園為基地，加上台大、虎科大提供部分校區，規畫燈區面積達35.87公頃，除鄰近高鐵交通便利外，旁邊尚有近300公頃高鐵特定區及近25公頃台大校地預定地可拓展運用。北港是台灣燈會原鄉，花燈工藝的發源地，具有豐富的宗教文化觀光內涵，做為第二燈區有尊重傳統意義，結合過年期間信眾參拜媽祖熱潮，盛況可期。

燈會主題延續農博精神，以農業出發，結合綠能光電、在地文化藝術，並邀請其他縣市及國際特色花燈共同參與，期望能展現友善大地、尊重生命、善待物產，形成人與土地之間善的循環，不只我們自身、社會、國家，甚至全球都將有更光明的未來。除了主題燈區及精彩表演節目外，縣府也規劃配套活動、美食展售、雲林鄉鎮一二日遊程等，預估將於九天的活動期間為雲林，帶入國內外約750萬人潮，創造58億元的觀光經濟產值。

因應燈會展出**規劃多元交通方式**，已規畫周延交通接駁服務，場地體面與水準兼具，北港溪防汛道路闢駛為接駁車專用道，虎尾、北港2燈區間路程僅20公里，車程也僅約20分鐘；

▲綜合所有資料，並參考桃園燈會舉辦的經驗，我以最中肯的建議，快速向中央提出建言，爭取民國一〇六年燈會主辦權。

行政院用箋

最速件

量吉國策顧問惠鑒：奉交下105年3月16日致本院張院長

華翰，敬悉。所提有關雲林縣政府積極爭取2017台灣燈會主辦權，該府整合民間力量合力展現台灣文化魅力和特色亮點，及因應燈會展出規劃周延交通接駁服務等，請全力支持一案，「2017台灣燈會」已請交通部依評選名次順序，交由雲林縣負責辦理，並請該部持續督導雲林縣規劃二燈區間之交通疏運事宜。知關錦注，耑此奉復，順頌

時祺

簡 太 郎 敬啟

105年3月28日
院臺交字第1050013437號

副本：交通部

◀感謝張善政院長和簡太郎祕書長的大力支持，讓有關單位終能認同一〇六年燈會在雲林縣舉辦的理念。

張皇珍副縣長陪同前往。簡太郎祕書長在聽取我相關說明後，深表認同，並將我準備的資料和信函轉達張善政院長；院長看了我所準備的資料後，也表達願意協助，並轉呈給主管全國燈會事宜的交通部。對於張善政院長和簡太郎祕書長的大力支持，讓有關單位都能夠認同燈會在雲林縣舉辦的理念，我相當感謝。

民國一〇五年三月，交通部觀光局發佈新聞：民國一〇六年全國燈會由雲林縣獲得主辦權！當天，李進勇縣長再度向我表達感謝之意。

無分黨派，不計藍綠，只要有益雲林鄉親的事務，必定盡力而為，這是我一貫秉持的理念。

第五章

持續關心國政 老驥伏櫪

擔任國策顧問五年多，我相當珍惜與感謝國家提供的寶貴機會，並認真提出各項國政建言，不僅廣納全國各地雲林鄉親的意見，讓民眾的聲音上達政府首長，扮演政府與民間的最佳橋樑。

善盡言責 功成身退

其間，我始終善盡言責，實踐「福國利民」，以及「上善、不爭、增厚天下」的信念，所提出的國政建言，包括多個層面：

（一）社會安全建議：提升消防質量、敦促防災系統與時俱進、改善防災機械設備。

（二）國家經濟建議：提出經濟轉化發展的新模式，謀求台灣經濟的新出路。

（三）雲林地方災損及公共工程改善建議：有效協助撥發交通重大建設經費，解決地方交通建設困境；

（四）公共工程建築產業管理與發展建議：透過政府爭取與工程有關之「國際工程組織」在台辦理年會和展覽的主辦權，讓產業全球化。

民國一〇五年，馬總統卸任後，我們這群第十二、十三任國策顧問，當然也要跟著「畢業」啦！不過，我們這群國策顧問們關心國家、為民服務的精神，卻沒有隨之結束；六月二日，我向劉盛良和林水吉兩位國策顧問建議組織國策顧問聯誼會，持續關心國政，並為馬總統爭取歷史定位，他們欣然同意，於是便合力積極展開籌備工作。

成立國策顧問聯誼會 持續關心國政

六月三十日，「第十二、十三任總統府國策顧問聯誼會」在台北國賓飯店宣告成立，由劉盛良擔任聯誼會會長，林水吉、林仁德、洪俊德三人則擔任副會長，而我則作為祕書長，積極推動聯誼會事務。

聯誼會成立現場氣氛熱絡，馬總統聘任的前國策顧問皆踴躍加入聯誼會，持續建構向政府建言的平台。當日，包括前總統府資政陳金讓、饒穎奇、胡為真、袁健生、趙守博、前國策顧問蕭天讚等約五十名前國策顧問和資政皆到場；前總統馬英九、前副總統吳敦義、前總統府祕書長曾永權、前副祕書長熊光華、國民黨主席洪秀柱等人都應邀與會，表達對聯誼會的認同與支持。

15 北縣新聞 新聞報 中華民國九十七年六月十四日 星期六

譚量吉籲新政府 建立朝野協商機制

施政以國家利益民衆福祉為前提 開拓更美麗新願景

【記者蔡良雄三重報導】馬總統就職近將滿月，中華民國雲林同鄉總會創會總會長譚量吉特別發表出席總統副總統就職典禮感言，譚量吉表示，馬總統爲我國未來的永續發展與二千三百萬同胞的自由民主人權之安和樂利的幸福生活開拓了一個美好希望之新願景。

譚量吉指出，國家的建設是多層面的，而應針對當前的國內外政經發展情勢來加以評估，循序漸進的來加予以推展，如此，才能達到施政的預期指標有效的印證，所謂一致政府，完全執政，完全負責的效果，爲我國的長治久安立下深厚之根基。

譚量吉提出幾點見言：一、多借重民間的力量配合政府共同推動各項建設：當前科技之發展一日千里的全球化大時代中，政府固然是帶動國家建設的火車頭，但我們不要忘了政府的各項施政亦需要有強大的民力做後盾，才能達到事半功倍之效果，長年奉獻民間社團之工作，尤其對雲林縣八十多萬在外打拼的鄉親聯誼服務志業，深深有感鄉親們的服務熱忱，只要政府有關部門需要我雲林鄉親的配合，廣大的鄉親們一向皆能竭盡所能，不計一切的配合政府部門克服各種困難，使地方的各種建設或是對民眾的服務之工作皆能圓滿的達成目標，因此，今後政府的施政，當更需走入群眾多傾聽基層社會大眾的聲音，尤其是諸如婦女、農民、弱勢族群的福利更應加以重視，所謂「苦民之苦」當能獲得社會全體廣大民眾的肯定與支持，誠如馬總統所提出的，台灣的振興不只要靠政府的努力更要靠人民的力量，需要借重民間的智慧、需要朝野協商合作、需要所有社會成員積極的投入，的確，馬總統之施政理念已充分掌握住人民才是支持政府最有利的核心價值，這亦是所謂台灣精神的真正涵義。

二、新內閣之施政須強化與各界充分溝通與宣傳功能，五二〇所組織的新政府，馬總統確實已充分做到嚴守我國當前現行憲政體制及雙首長制的精神，有效的發揮府院權責分工釐清之推動，在馬總統卓越的領導，劉內閣所組成之行政新團隊，無論是學養或行政經歷皆頗爲完整，但我們不要忘了當前的民意監督政府的能力與方式是與以前大不相同，民意高漲可謂今非昔比，即使像美國那樣民主自由開放的社會，無論是其組織的政府是一致政府或是分立政府，皆需要受嚴格的民意檢驗，尤其是所謂第四權的媒體更是行政部門最有力的制衡，而即使行政部門與國會皆屬同一政黨主政，國會部門對同黨的行政部門之施政監督亦是毫不手軟的，甚至美國總統爲了順利推動國政，對同黨的國會議員亦需作有關政策推動的說服工作，以贏得同黨或反對黨議員之認同與支持，我國政府目前的情勢亦是如此。

因此，譚量吉認爲我們目前新政府團隊的各部門的專業學養皆是一時之選，只要能更加謙虛、真誠的傾聽基層民眾的心聲，加強與各界溝通的工作，尤其能建立朝野的協商機制，一切行政以國家利益以民眾福祉爲前提，則必能達到事半功倍之效果，爲台灣二千三百萬同胞的幸福生活開拓一個更美麗的新願景，以贏回在亞洲台灣四小龍之首光榮歷史。

▲舉凡有助國家利益、民生福祉的事，我皆大聲疾呼。

馬英九總統在致詞時表示，他在任的八年，國策顧問及資政的聘任制度從有給職改變成無給職，一年兩次聚會，每次的開會時間都超過六個小時，會議中，每位國策顧問都事前準備好資料，對政策與施政充分表達意見，讓各界對政府施政有新的了解；他非常感謝我們這些國策顧問的協助，即便五二〇卸任後，仍繼續關心台灣這塊土地的情懷，更令人感佩，因此對聯誼會的成立，他樂觀其成。

與會的國民黨主席洪秀柱也表示，國策顧問們一直都形同她的導師，即便卸任後，還是願意成立聯誼會，持續關心國政，非常具有意義，應該稱之為「群英會」。

▲民國一〇五年六月三十日，「第十二、十三任總統府國策顧問聯誼會」在台北國賓飯店成立，我（第二排左六）擔任祕書長，持續建構向政府建言的平台，現場氣氛熱絡。

祈願國泰民安 風調雨順

尤值一提的是，國策顧問聯誼會會長劉盛良鄭重宣佈——將推舉前總統馬英九角逐諾貝爾和平獎，獲得與會國策顧問鼓掌通過。

民國一〇四年十一月七日，中華民國總統馬英九和中華人民共和國主席習近平，以兩岸領導人的身分在新加坡舉行「馬習會」，成為海峽兩岸自民國三十八年政治分立以來，最高領導人的首次會晤，這次會面主要對兩岸關係的和平發展交換意見，象徵兩岸關係史上最大突破，也為世界和平書寫重要的一頁。因此，聯誼會未來將設立籌備小組，共同推薦前總統馬英九、大陸領導人習近平爭取諾貝爾和平獎，表揚馬總統執政八年，對追求兩岸和平關係不遺餘力的付出，我也企盼能夠玉成此事。

國策顧問聯誼會規範參加的國策顧問們不干涉政治，僅是深化聯誼，並以國策顧問的高度籌辦一些有助公益、有利國家的事務，藉以擁護、捍衛國家。對於聯誼會的成立，我衷心期待，除了國策顧問間的相互交流，更希望藉著這個擁有多位七十多歲以上長者的聯誼會，繼續奉獻智慧和心力，為國家社會帶來良善的影響。

「老驥伏櫪，志在千里；烈士暮年，壯心不已」，現年已七十有三的我，仍懷抱服務鄉里、奉獻國家的熱忱，祈願雄心壯志馳騁千里，實現國泰民安、風調雨順，人民平安度日的太平理想。

■民國一〇四年，前往海南島，參加海南文化產業博覽會，並接受媒體訪問。

■文協主辦方安排參觀博鰲亞洲論壇舉辦場地。

◀馬英九總統競選連任，我（右）號召六千餘名雲林鄉親全力支持輔選，祈願「馬」到成功，高票當選。

▶我（右）參加總統就職七週年茶會與馬總統合影。

▲於國政建言會議後合影留念。（左起：總統馬英九、譚量吉、總統府祕書長曾永權）

▲前副總統吳敦義（中）參加基金會十週年感恩餐會，與我們夫婦合影。

▶廣結善緣的前副總統吳敦義（左），與我私交甚篤！

▲我（中）歡迎前副總統吳敦義（左四）參加量盛企業集團聯合尾牙與內人生日餐會。

▲我（右）與中國國民黨榮譽主席連戰手牽手，共同為國家前途和民生利益打拚。

◀我（左）率領雲林同鄉文教基金會董監事、顧問，以及各縣市雲林同鄉會理事長、歷屆理事長暨鄉親拜會前副總統蕭萬長，並頒發紀念品，祝賀「政躬康泰」。

▶我（左）與前副總統蕭萬長交流，獲益匪淺。

▲我（右一）和內人（右二）與前副總統蕭萬長賢伉儷合影留念。

◀我（右）與立法院長王金平（左二）、台北縣縣長周錫瑋（右二），共同為第三屆「雲林金篆獎」開幕典禮剪綵。

▶民國一〇四年，第二期冠名獎學金頒獎大會，王金平院長蒞會道賀並頒獎。

▲我（右）和第六屆雲林同鄉總會總會長張朝國（左）代表雲林鄉親贈送王金平院長紀念品，給予無限祝福。

◀我（右）與內人（左一）和前台灣省省長宋楚瑜賢伉儷合影。

▶在台灣省政府時期，我（右）就與前省長宋楚瑜交情不淺。

▲前省長宋楚瑜（前排中）專程參加台灣區雲林同鄉會各縣市聯誼會全國委員會議，我（左三）、台灣省前省議員陳照郎（左五）及理監事合影留念。

◀我（左）和台北市雲林同鄉會理事長林志郎（右）拜會「伯公」吳伯雄（中）。

▶中國國民黨榮譽主席吳伯雄是位令人尊敬的長者。

▲年終感恩百年添福迎春餐會，重量級貴賓前副總統吳敦義（左）、前副總統蕭萬長（左二）、中國國民黨榮譽主席吳伯雄（左三）聯袂出席，與鄉親歡聚一堂。

◀新北市市長朱立倫（中）代表中國國民黨參選中華民國第十四任總統，我（左）獲邀擔任全國社團後援總會總召集人。

▼我（右）擔任新北市政府顧問，與朱立倫市長共謀市民福祉。

▲我（左八）帶領雲林同鄉文教基金會董監事群賢至新北市政府拜會朱立倫市長（左七）。

▲我（右三）率領中華民國雲林同鄉總會第六屆總會長張朝國（左二）及同鄉會幹部拜訪司法院賴浩敏院長（左三）。

▲司法院賴浩敏院長（右）對我致力推動獎助清寒子弟的情懷十分肯定。

▲監察院長張博雅（右）相當肯定支持雲林同鄉文教基金會對社會的貢獻。

▲一〇三年十一月，監察院長張博雅參加雲之鄉冠名獎學金頒獎典禮，鼓勵受獎學生要知恩、珍惜。

▲考試院院長伍錦霖（右）長期支持我推動公益活動。

▲我（右）拜會前外交部部長楊進添資政。

▲我（左）前往海基會拜會林中森董事長，分享時事與社團動態。

▼一〇一年年初，雲林同鄉文教基金會舉辦第十週年慶，時任行政院祕書長林中森（中）。前來祝賀，與我們夫妻倆舉杯向與會雲林鄉親致意。

▲我（右）帶領同鄉——台南市雲林同鄉會前理事長鄭安捷（左），拜會海基會林中森董事長。

▲海基會林中森董事長（右二）推展深化兩岸文化交流，我（右一）帶領高雄市雲林同鄉會高新宗副理事長（左一）、經濟部加工出口區管理處趙建民副處長（左二）前往拜會請益。

譚量吉曾擔任過的政府部門顧問

- 總統府第十二、十三任國策顧問
- 總統府第十二、十三任國策顧問聯誼會祕書長
- 台灣省政府顧問
- 新北市政府顧問
- 雲林縣政府顧問
- 台東市公所顧問
- 台灣省商業會顧問

▲我（右四）一向是忠貞愛國的中國國民黨員，民國一〇一年七月廿一日，由中國國民黨副主席林豐正（左四）頒發華夏二等獎章。

譚量吉獲頒之中國國民黨黨務、顧問及榮譽獎章

- 中國國民黨中央評議委員
- 中國國民黨中央黨部顧問
- 中國國民黨台灣省黨部顧問
- 中國國民黨雲林縣黨部顧問
- 中國國民黨三重區黨部委員
- 革命實踐研究院十四期結業學員召集人
- 榮獲八十四年度革命實踐研究院績優研究員
- 榮獲中國國民黨華夏獎章（民國九十二年）
- 榮獲中國國民黨實踐獎章（民國九十四年）
- 榮獲中國國民黨實踐獎章（民國九十七年）
- 榮獲中國國民黨華夏二等獎章（民國九十七年）
- 榮獲中國國民黨中央委員會馬英九主席榮譽狀（民國九十九年）
- 榮獲中國國民黨華夏二等獎章（民國一〇一年）

■榮獲中國國民黨華夏獎章和實踐獎章。

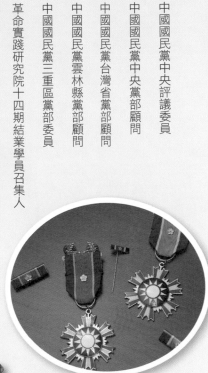

後記

感懷過去 珍惜現在 展望未來

曾聽聞一段話：「人活著，就是要持續豐富自己的人生故事。」如是，則人生的奮進過程必不寂聊，他日咀之、嚼之，則將更懂得感懷過去、珍惜現在；唯有如此，未來人生的道路才能走得長久，這也是我出版此書的初衷。

一路走來，我珍惜過去，滿是感恩。回想我自出生以來，便在艱難困苦中奮力求存，前行的路途中，不時得到貴人的扶持、奧援；當事業跌落谷底時，我的妻子，以及她娘家的親人，沒有嫌棄之外，還繼續給予支持；對於同鄉會和公益社團的投入，我也持續熱中，即便在事業跌到谷底、財力已經捉襟見肘時，我依然堅持信守承諾，扛起理事長的領導職責；過去跌跌撞撞，點滴在心頭，造就我今日的人格特質。

當前，我稱得上事業略有小成，「家外」朋友眾多，「家內」兒女成器，更因為我找到了缺她無我的「家後」——我珍愛、疼惜的牽手譚許秀宜女士，兩人攜手，展望未來。

感恩賢妻支持 一路相伴

二十多歲時，逢適婚年齡，我想要找一個理想對象共結連理。當時母親昔日的結拜姊妹雲嬌姨替我作媒，對象是地方望族許家的二千金許秀宜小姐，但我家在雲林麥寮既非名門，家境更不富裕，怎敢高攀人家？幸而大哥在地方上頗具聲望，沾了身為譚玉輝親弟弟的光，又風聞我在北部發展得不錯，許家長輩於是答應先相個親。

由於緣分俱足，終於結下這門親事。

為了迎娶美嬌娘，長兄替我辦了一場相當風光的婚禮，場面盛大，貴客雲集，席開五、六十桌。我在信國工業的同事李小姐的先生動用關係，借到一台監察院的公務交通車，接送我所服務的信國工業的翁董事長、池總經理和同事們到雲林麥寮參加婚禮。

婚禮後一星期，我帶著長兄給我的五百塊錢，與新婚太太從斗南搭火車到台北火車站。那時我已經在機械廠當師傅了，事前請徒弟幫我租了間「新房」，在三重市仁壽街，一進門，並不寬敞的屋內就只夠擺放一張彈簧床墊，連個床架都沒有，太太看了當場傻眼；連要去永樂市場買家庭用品，我都拿不出錢來，太太二話不說，很體恤的拿出自己隨身的應急錢來支應家用。

後來，她忍不住打電話回娘家訴苦，說：「怎麼會這樣？連要買碗筷都沒錢，你們怎麼把我嫁給那麼窮的人？」岳母安慰她：「嫁了就嫁了，平平都是麥寮庄內的人，又是雲嬌姨作媒，卡艱苦也就是這樣啦，現在還在創業，沒關係……。」

感謝長輩能夠理解狀況，體恤我，太太也就認命了，一路陪伴我創業，幸好有太太的全力幫忙，我也就慢慢地將事業做了起來。

我很感恩岳父和岳母，因為他們沒有嫌棄我無法匹配的家境，願意將女兒下嫁，並且將女兒教養得那麼好，願意任勞任怨陪我過日子。

三個孩子陸續出生之後，岳母更是不辭辛勞的前來幫忙，從孩子呱呱落地開始，至少幫到孩子四個月大，沒有一個孫兒缺席，相當不簡單。尤其是生大女兒的時候，那時我們還在租房子，事業又正在草創，岳母來照顧了差不多一年的時間，十分辛苦。那時候我正在創業期間，整天忙進忙出，所以，岳母不只是幫忙自己的女兒，其實也是在幫助我，減輕我的負擔，讓我更能放心的在事業上衝刺。

由於自己雙親早歿，深知孝順不能等，我便一直將岳父、母當成自己父母一樣孝敬，並且一輩

■結緣近半世紀，一路走來的甘苦，讓彼此更懂得體諒與珍惜。

■執子之手，與子偕老。我倆共度春夏秋冬，走過千山萬水，牽手一世情。

子感恩。

此外，在事業成功之後，由於太太的認同與支持，我也才能持續保持社團服務的熱忱，甚至創立了五個社團，為鄉親、社會付出相應的關懷。如果沒有她的支持，我肯定寸步難行。妻賢如此，夫復何求！

因此，在生活上，我凡事都相當尊重太太，如果有任何攜伴出遊的行程，更一定會牽好太太的手一起參加，因為，這是我一輩子的牽手。

欣慰子女孝順 學各有成

我有三名子女，一子二女，大女兒夙惠，從金陵女中畢業後，就讀文化大學，並取得雙學位，曾在立法院擔任過五年的國會助理，工作表現活躍、和人相處愉快，也建立了不錯的人脈關係。之後，我將她調回自家公司，訓練她的業務能力，客戶範圍包括顧問公司、設計公司等，她都親力親為，全省跑透透。

夙惠嘴甜又勤勞，熱中工作的精神令我相當佩服，記得她準備要生大女兒的時候，還挺著便便大肚到處奔波，精神十分可嘉。民國九十七年，我覺得她磨練得差不多了，便開始讓她準備接下量

■大女兒夙惠覓得良緣，家庭幸福美滿，育有兩個乖巧的女兒。

盛企業有限公司的業務，我就退居幕後，專注在文教基金會的事務。目前，夙惠家庭幸福美滿，育有兩個乖巧的女兒。

排行老二的是兒子博元，自輔仁大學電子工程學系畢業後，考進大葉大學管理科學研究所，就學期間，寒暑假都在我的公司實習訓練，待碩士班畢業後，便來到公司從事業務工作，再慢慢將我的事業承接起來。目前育有一雙兒女，與妻子同心合力經營宸茂營造有限公司，在營建領域上發揮得如魚得水，承攬公共工程如橋樑新建、橋樑耐震補強、寬頻管道、河川整治等營建管理業務。他的事業經營得很順利，工作上日日都有所成長。由於兒子一家人跟我同住，每星期五晚飯後，我們常會交換彼此工作上的經驗。

▲兒女都各自成家立業，讓身為父母的我們備感寬慰。

二女兒夙婷，金陵女中畢業後，就讀淡江大學土木工程學系，畢業後考研，以榜首考上成功大

■兒子博元育有一雙可愛的兒女，與妻子同心合力，在營建領域上如魚得水，發揮自如。

學土木工程學系碩士班，同時報考的其他幾個大學的研究所也全都榜上有名，學業表現相當優秀。最後我建議她選擇成功大學土木工程研究所就讀。畢業後，她受聘中鼎工程顧問公司，全省土木工程施作現場跑了不少，打下了穩固的根基。

一年後，她自行創業，承攬工程顧問業務，開展了自己的事業。民國一〇〇年通過高考，夙婷順利取得土木技師的資格，成立了昕暘土木技師事務所。民國一〇三年，她將事務所轉型為建設有限公司，擴大了事業版圖。今年八月，她還為我生下一個漂亮的外孫女。

我的大女兒夙惠、兒子博元都來到自家公司接受訓練，表現都很不錯。在工作上，我很少在他們身邊耳提面命，多任由他們自己從工作中學習、成長，他們有時會主動來向我請教問題，遇到困難時，我會鼓勵他們，任何事業的經營都像季節一樣，有春夏秋冬、季節更替，遭逢困難，就像遇到寒冷的冬天，要勇敢的迎向它、克服它，只要春天來臨，太陽出來了，生機萌發，一切都會有所轉機。

事業上，我讓兒女們獨當一面，欣慰的是他們也都沒讓我失望，而且個個都很孝順、貼心。唯一比較會時常提醒他們的是，對待員工要像對待自己的兄弟姊妹一樣，所以我的關係企業裡，十年以上的員工比比皆是，並且有多位在職近二十年的資深員工。

我認為人生很重要的核心價值是「平等看待每一個人」，而不是以金錢來衡量人的價值，要懂得敬老尊賢，以及重視家庭倫理、積極貢獻社會、服務人群。而今，我的事業多由兒女接續，大女

■二女兒凤婷開創自己的建設及工程顧問事業，別有一番成績。

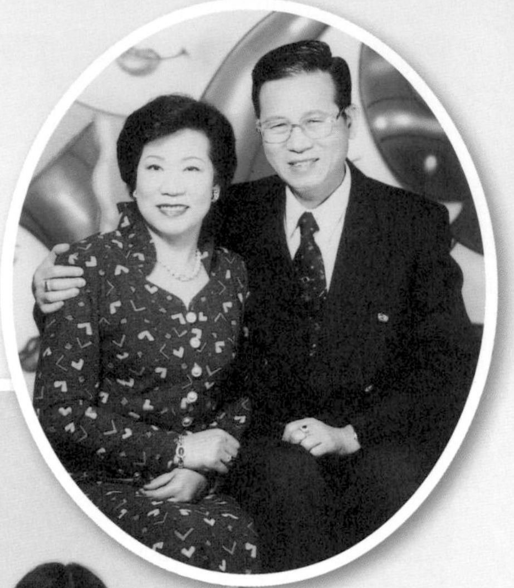

▶我的人生至此幸福美滿。

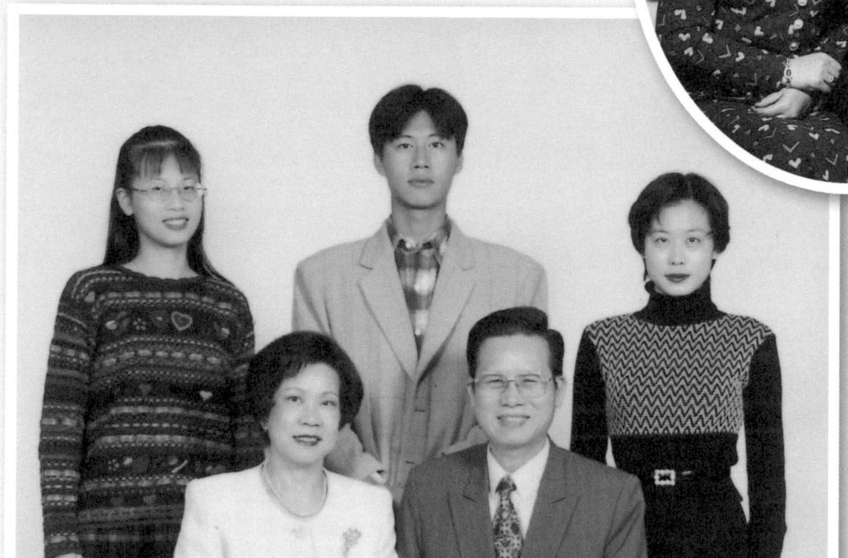

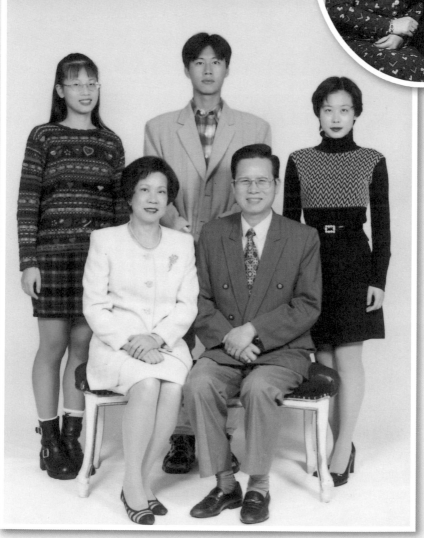

▲期許兒女們，在打拚事業的同時，要秉持善心正念，
跟隨我的腳步持續服務社會的熱忱。

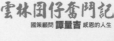

兒承接材料經銷的區塊，兒子承接營造部門宸茂公司，小女兒則開創自己的建設及工程顧問業，個個算是有成，這也可說是自己長期身教的成功，我也期許兒女們，在打拚事業的同時，未來能夠像我一樣，持續不懈的服務社會。

自童蒙起，我便時常鼓勵孩子們，機會永遠留給準備好了的人，不要怕艱苦，看清楚目標，放手去做就對了。放蕩不羈的事情不要去做，傷天害理的事情更不要去做，秉持善心、正念，艱困總會闖過。人生路上誰不跌跌撞撞，就像心電圖一樣，哪一顆心臟不起起落落！

返粵尋根 光耀譚氏家族

我一直惦記著，父親是自海峽彼岸的廣東遠道渡海來台，總有一天，一定要回到父親的故鄉去看看，但礙於兩岸政策，心願始終無法實現。民國七十六年，政府開放赴大陸探親，讓我和長兄興起回父親故居廣東尋根、尋親的念頭，但一時間卻苦無機會。

民國七十七年，一次因緣際會下，我參加了由文化大學韓國瑜教授組織的考察團，與二十多名企業家前往大陸考察，尋找新的商機。後來，雖然打消在對岸發展的念頭，但是此次考察卻促成另一個收穫——我與同團中小企業家最後在廣州白天鵝酒店與中國旅行社的領隊交流，談及自己父親是來自廣東新會縣河村鄉西園坊人氏，但是因父親早逝，已無法探知父親故鄉現況；當下，中國旅行社的領隊表示樂於幫忙。

返台後不久，竟輾轉接獲中國旅行社傳來訊息，說故鄉人去樓空，但是有一堂兄譚寶霖定居香港經商。恰此同時，香港的親人也在台灣新生報刊登尋找失聯堂弟譚量吉的消息，碰巧被昔日我工作過的永義機械廠老闆的兒子黃文義先生看到，通知了我。為求慎重，民國七十八年，特地安排譚寶霖先生和親戚譚霈先生由香港來台，確認親屬關係。

兩岸分隔多年之後，血濃於水的親人終於相聚。於是我便在堂兄的帶領下，先返回廣東故居祭祖，並在堂兄的協助下，在故鄉購地蓋樓房，以表飲水思源，並彰顯子孫在台灣發展衣錦還鄉之情懷；為此，在香港發展得相當不錯的堂兄也甚感欣慰。

民國八十四年，我特地邀請堂兄一家人至台灣旅遊。自此，兄弟間每年均有固定聚會，並於民

▲廣東尋根上香祭祖，分隔兩岸多年的情感再度連線。

▲我（前排右四）前往香港祝賀堂兄譚寶霖（前排左五）壽辰，譚家子孫相聚一堂。

▶高齡九十八歲的堂兄譚寶霖（前排右二）定居香港，只要得空，我（前排右）一定前往香港與堂兄相聚。

國八十六年，台灣譚氏家族由我的長兄和我率領子孫十餘人，先到香港由堂兄寶霖招待旅遊，再一同於九龍搭船返回故鄉新會祭祖，一行人來到先父的舊居，以及我蓋的樓房探訪，也找到祖父譚祥公的書法墨寶篆刻，並跪在祖先面前上香。

分離將近八十年的情感，隨著香煙裊裊，再度連線。至今我的堂兄寶霖先生已經高齡九十八歲，仍定居香港，只要有空，我一定專程前往香港與堂兄相聚，每年清明前也都率子姪前往故鄉拜山掃墓，以示緬懷祖先、慎終追遠的情懷。

堅持傳承　勤樸仁善家風

回顧我的一生：三歲成為孤兒，從一個家徒四壁，篳路藍縷的庄腳囝仔，沒有良好的背景、也沒有傲人的學歷，但是憑藉著正向的思維、不服輸的堅定意志和勤樸的態度，以及秉持仁善助人之心，服務社會數十年，終能獲得如此多鄉親的肯定與支持。

參與社團工作當然是甘苦兼有的，畢竟「人過一百，形形色色」、「一樣米養百樣人」，做什麼決定，業務重心怎麼擺，總難免「順了姑情失嫂意」，一不小心，流言蜚語便席捲而來。

每遇如此情況，艱困中常遇貴人相助而度過難關的我，總會以感恩之心來為對方設想：「他這

◀民國一〇四年，榮獲世界譚氏宗親總會「世界譚氏傑出人士榮譽獎章」，我（右二）獲贈「光宗耀祖」獎牌。

▲每年春節，我（前排中）總是儘量抽空參加譚氏宗親會活動，浸潤慎終追遠的情懷。

麼做其實內心也很艱苦吧！」

總之，我不斷的自勉要「歡喜做，甘願受」，只求付出，不問回報，能如此，則人生足矣。

曾經從窮困白手起家，到經營事業有成，獲得十大傑出企業家的事業巔峰，又經歷經商失敗一無所有，之後東山再起，直到今日的局面，數十年來的人生經歷起伏，嘗過失敗的艱苦、成功的美好，也因為這樣的經歷，讓我體認天無絕人之路，對於那些艱苦的人，更能懷抱同理心，寧可雪中送炭，而不錦上添花，堅持公益理念的熱情，不曾停歇。

我認為做人絕不可以看高不看低，必須積極貢獻社會、服務人群，我也因此得到各界的肯定，以及受到地方政府單位重視，諸如：早期宋楚瑜先生擔任省長期間，聘請我為省政府顧問，趙守博接任省主席，也接續聘任我為省政府顧問，雲林縣張榮味縣長聘我為縣政顧問，現在新北市朱立倫市長聘我為市政顧問，以及前總統馬英九聘請我為國策顧問等。我是忠誠的國民黨員，擔任中央評議委員，榮獲中國國民黨華夏獎章。我想，應該是自己服務社會大眾的一貫熱情，得到各界的支持，才能如此受到肯定，著實感恩。

如今，我持續南北奔波做公益，因為我自己堅信助人的心念，在有生之年，應該要持續做下去，「人生以服務為目的」絕不是句口號，而是我個人自我期許的終生目標。

人生七十古來稀，我衷心的希望，能把我所倡組、創設的五個同鄉、公益社團，順利傳交給心

存正念的接棒人，更進而能看到會務在他們手中開枝散葉，並因著會務成果彰顯，而吸引到社團宗旨關聯到的會員下一代後生來參與，來共襄盛舉，甚至把會務、愛心施佈擴散到海峽彼岸和國際間，如同雲林同鄉文教基金會目前已與上海市台灣同胞聯誼會結盟，締結姊妹會，藉由這樣的合作平台，把我們雲林子弟不管是書法或其他方面的技能推上國際舞台，或藉由其他合作平台，為台灣企業爭取域外、跨國的商機。

讀者朋友們，我心愛的家人們，大家一起加油！台灣絕對是很幸福的，不要小看了這一方土地，她是很豐饒、很富足、很受上天眷顧的。

▲上海市台胞聯誼會盧麗安會長來台，盼與雲林同鄉文教基金會締結姊妹會，海基會董事長林中森樂觀其成！（前排左起：譚量吉、譚許秀宜、盧麗安會長、林中森董事長、季平主任、廖宗盛董事長、上海市領導，後排右二為基金會鄭安捷監察人，左三為蘇珊監察人）

人生讚

雲林

是我至愛的故鄉

有藍天、綠地，有我的童年成長的點滴，

有我童年的夢想與記憶

十歲時 她給我勇氣

二十 毅力

三十 膽識

四十 奮發

五十 仁厚

六十 公益

七十歲 她給我豐碩的稻穗……

家庭頌

量大海容萬事吉
秀慧淑賢家室宜
夙願宏偉得天惠
博愛行仁冠三元
夙儒博學又娉婷

事業跋

量家企業趨鼎盛
淵博研發稱正元
宸宇巍峨業繁茂
奐泰營造永長泰

感恩心

以上是《雲林囝仔奮鬥記——國策顧問譚量吉感恩的人生》一書全文，平實敘述了我飄零的身世，幼時的孤苦與成長，多年的努力與淬鍊、成功的喜悅與回饋、家庭的溫馨與和樂，以及朋友的知遇與感恩，願將我這平凡但曲折，痛苦但多彩的人生，與世人親友分享共勉。

感謝您花了不少時間看完了全書的內容，除了期盼您惠予指教，並願與閣下共同探討人生真諦，在現今功利主義盛行的社會裡，人心好逸惡勞、好吃懶做，誠當灌輸「生於憂患，死於安樂」，以及「吃得苦中苦，方為人上人」的人生指標與希望，始能讓未來的社會免於淪落的危機。在遼闊的人海中，個人只是滄海一粟，但願將雲林囝仔的奮鬥歷程公諸於世，與世人共勉，期能拋磚引玉，作為啟示青年後進的榜樣、遵循的目標，而臻家國安定、社會祥和之境，以誌我畢生之夙願與慰藉。願竭盡餘生，再為社會公益，略盡綿薄。

所謂「施人慎勿念，受施慎勿忘」，個人在艱苦奮鬥中，即自許有朝一日，若有能力當思回饋，自認「施人」乃吾人之天職，因此施恩不圖回報，施人之恩自不應常放心上念念不忘以邀功。另一方面，在我人生的旅途中，受施之恩，天高地厚，無以回報，但時刻不敢忘懷亟思回饋。

本書所標榜個人感恩的人生，意在藉此感謝量吉平生所受無盡之恩：天恩、家國恩、兄弟朋友恩，尤其在我服務雲林同鄉會和雲林同鄉文教基金會任內，各縣市雲林同鄉會理事長、歷屆理事長和所有鄉親賢達們出錢出力的襄助與支持，以及雲林鄉親同心會、金緣全家福聯誼會的情義相挺，更是我沒齒難忘的大恩情。

冀望我們社會的每一分子，都能知恩、感恩、報恩，而且手牽手心連心，共同營造一個逸而不奢、富而有禮的太平盛世，則不虛此生矣！

附錄一

我所認識的譚量吉

林政則（前省政府主席、前新竹市市長）

照顧鄉親　熱心社會公益

認識譚會長是在我剛準備競選新竹市市長的時候，他對我相當支持，在地的新竹市雲林同鄉會陣容堅強，而且熱心地方公益，亦同譚會長對我多所支持，所以我對雲林人印象相當深刻，也很感謝。

我覺得，跟雲林人交朋友不會吃虧，而且會愈交愈多；坦率的雲林人，只要認同對方，便會全然支持，更不在背後說三道四，交情單純。記得我在參選新竹市市長之前，也曾投入新竹縣議員、國大代表和立法委員的選舉，當下有許多雲林同鄉會的鄉親們，都站出來表態支持，所以我一直感受到雲林人相挺的義氣，而且只要有需要，彼此就會團結起來，尤其攸關國家、社會和地方的貢獻，更是義不容辭；特別是我與譚會長往來之後，更是覺得他是一位重義氣、可以長久交往的朋友，所以兩人的情誼長久維繫，同時我也與雲林同鄉會持續保持良好關係，只要一到雲林，多位當地朋友無不熱情款待。

在我心目中，譚會長一直很照顧鄉親，並且非常熱心社會公益，對於教育子弟，更是投入諸多心力；透過他的奔走，各縣市的雲林同鄉會變得更加團結，也募集到更多的獎學金，共同關心與愛護雲林子弟；所以，譚會長卓越領導的能力、虛懷若谷的態度、熱心助人的美德等人格特質，都是我所需要學習的。

譚會長不但是位優秀雲林人才，也是善心人士的楷模典範，相信他的新書出版，將成為讀者的福音。在此，祝福他身體健康、新書熱銷之外，更要祝福他心想事成，因為我知道，他心想的，絕對都是對國家社會、地方鄉親的好事！

獎勵後進學子不遺餘力

李福登（前國策顧問、國立高雄餐旅學院創辦人）

我和譚會長有同鄉之情，尚就讀雲林北港中學時，就曉得有這樣一號人物，因為我和他同樣是庄腳囝仔，同樣來自清貧家庭，後來他積極上進，事業成功，且從未忘記回饋社會，飛黃騰達時是這樣，跌落低谷時亦是如此，公益服務熱忱始終如一，這點是我非常敬佩的。後來，我和他皆榮任國策顧問，兩人就此建立了非常親密的友誼。

譚會長熱中公益服務的事蹟不勝枚舉，尤其創辦「雲林同鄉文教基金會」，鼓勵一些和我們一樣是鄉下地方出身且有心上進的年輕學子，因為我們都曉得，鄉下資源匱乏不如都市，期待莘莘學子日後成功，也能像譚會長一樣分享資源，並且激發後輩。

我個人亦相當重視人才的培育，曾任台南科技大學校長，並創辦了國立高雄餐旅學院，帶動餐旅教育風潮，如同譚會長一般熱中培育人才；也由於我認同他的理念和作為，因此，當他聘請我當基金會顧問時，我覺得做好事，大家一起來，便義不容辭地應允了。

我認為，擁有成功事業版圖的企業家比比皆是，但回饋社會、從事公益、提攜後進的精神，卻不是每一個人都有，特別是像譚會長如此這般不忘本且懷抱旺盛服務熱忱的成功企業家，可說是少之又少。如今，功德無量的譚會長將個人的奮鬥歷程和從事公益的經驗付梓成書，希冀藉由他的分享，能夠引發更多人仿效，一同回饋社會、從事公益工作，以及獎勵後進，這亦是我最大的期待。

愛家愛鄉　忠黨愛國

江義雄（前國策顧問、前立法委員）

我是嘉義人，在地理位置上，雲林縣和嘉義縣是「隔壁鄰居」，彼此本有交流，譚董事長的家鄉雖然是雲林，但他與嘉義市的關係是非常的密切的，不僅誕生在嘉義市，熱忱的個性，亦讓他結交了多位包括我在內的嘉義好友，擁有更深的淵源。

個人對於譚董事長，不只景仰，還非常敬佩，因為早有耳聞他急公好義、慈善為懷的心態，尤其是對故鄉的堅持、對學子的獎掖，更是令人讚賞。有幸與譚董事長同任國策顧問，且彼此投緣，常有互動，在同期國策顧問中，我算是小老弟，很受他照顧，也跟著他學習了不少；每次召開國策顧問例行會議時，他總是非常用功，洋洋灑灑提了許多建議，不僅涉及雲林，更涉及國家、涉及社會，讓人覺得他不只愛雲林、愛元首，也愛我們整個中華民國，很少有人有這樣的忠黨愛國之心。

每回北上要返回嘉義時，譚董事長總是熱情地送我到高鐵站，感覺只要跟他交朋友，一定能夠感受他的溫馨。而第十二、十三任國策顧問聯誼會的成立，除了劉盛良會長和三位副會長的大力推動之外，也是多虧擔任祕書長的譚董事長的積極努力，才能如此順利建構持續為國貢獻的平台。

像譚董事長這一位無論對地方、對國家都有大貢獻，相當值得敬重的長者出書，一定是會對社會產生正面的影響力，也提供現代青年學子很好的學習典範，期待拜讀大作，並祝福新書大賣。

一位有情有義的大德

鄭錦洲（前國策顧問、台灣體育總會理事長）

我和譚會長同任國策顧問，算是非常好的朋友和同仁，在很早之前，我就聽聞過他的大名，知道他為雲林同鄉的熱心付出，因為彼此有些共同認識的朋友，都對他讚譽有加。

眾所皆知，雲林縣在經濟條件上是較為匱乏的縣市，譚會長不僅甫創業時就開始回饋鄉里，特別照顧雲林鄉親，更整合同鄉的力量，出錢出力，成立雲林同鄉文教基金會，積極幫助後進，讓這些雲林子弟可以專心向學，日後也像他一樣回饋鄉里。

與譚會長有更多互動之後，更是覺得譚會長是位有情有義的大德，不僅講義氣，更是從一而終，無論朋友是處於巔峰或低谷，他的態度永遠是一致的，一如對國民黨從頭到尾的支持與忠貞，而這樣的特質在對故鄉的情感上更是表露無遺，舉凡有益雲林的事務，他皆義不容辭；例如在國策顧問期間，任何總統到雲林的行程，他必相伴隨行，只要是能夠促進雲林地方發展的建設，他更是鼎力支持與相助。

身為台灣體育總會理事長，我戮力推廣體育活動，譚會長也相當力挺，常令我既感謝又感動。而我們這些國策顧問能藉由聯誼會的成立，一群老朋友能重聚且共同為國家做點事情，他也是重要的推手之一。

雖然為國家、為社會、為鄉親做了許多事，但譚會長從不居功，永遠扮演最佳橋樑的角色，凝聚許多能量，去成就許多美事。我衷心祝福這位謙虛的老大哥，身體健康，永遠做我們的領頭羊。

領導雲林人邁向更高的境界

張朝國（中華民國體育總會總會長、中華民國雲林同鄉總會第六屆總會長）

譚總會長，這是我們雲林同鄉對他的稱呼，對我們這些雲林同鄉來說，他是我們的精神領袖，雲林人團結、包容、肯吃虧、肯打拚、肯服務的精神，在他身上發揮得淋漓盡致，我個人感受尤其深刻。

認識譚總會長大約有三十年了，從年少時期自家鄉到北部奮鬥，初期是孤軍奮鬥，後來因緣際會認識了譚總會長、王崑山總會長、沈銀和、陳京等一些前輩，大家互相勉勵、互相學習，感覺到雲林同鄉之間的團結力量，也感恩前輩對我們這些後輩的提拔。在民國一〇〇年的時候，譚總會長和王崑山總會長來找我，詢問出任中華民國雲林同鄉總會第六屆總會長的意願，我表示自己何德何能？恐無法勝任，但因為他們的抬愛，我也就接受下了這個挑戰，也因此，日後才有機緣成為中華民國體育總會總會長。

在譚總會長的領導之下，旅北的雲林人跟著他的腳步，逐漸邁向更高的境界。以往在別人眼中，雲林人不是流氓就是窮鬼，為了擺脫昔日刻板印象，譚總會長期勉與鼓勵我們一定要打拚、要認真、要團結，才不會被人看不起，而他的勤儉刻苦、認真打拚，一切也都是為了雲林同鄉，

不是為他個人，運用他的智慧和熱忱，將雲林人團結起來，形成極大的凝聚力、向心力，有錢出錢、有力出力，和他一起做公益、照顧弱勢，也讓旁人開始看得起、敬重雲林人。

也因為雲林人的團結、堅忍，以及有情有義的性情，所以在各方領域都可以看到優秀的人才，像今年我帶隊前往參加巴西里約奧運，在這次為台灣代表團奪下唯一的一面金牌的舉重選手許淑淨，便是傳承了雲林女兒的堅毅個性和「阿善師」的運動精神。

而優秀且與人為善的譚總會長，不但朋友很多，大家也都對他很敬重。如今，他肯書寫自己的過去，將一生的經歷分享給所有的雲林人，甚至雲林的朋友，相信一定熱賣暢銷，大家會受益良多，值得成為勵志的榜樣。最後，祝福譚總會長好人好報，家庭美滿，一切順利。

大公無私　不求回報的付出

陳義雄（台北市雲林同鄉會第十三屆理事長、雲林鄉親同心會會長）

掐指一算，我認識咱們的譚會長，也超過四十年啦！四十年前，我在美國芝加哥與他結緣，當時我們都去參加芝加哥的大型展覽活動，在展覽會場用午餐時，由於知道同樣來自台灣，相互打聲招呼，咦？一聽到口音，曉得我們都是雲林人，也就覺得格外親切，彼此的緣分也從那個時候持續到現在。

一路過來，我和譚總會長也特別有緣，很多時候都是相伴相惜；年輕時創業維艱，大家都很努力打拚，譚會長對自己的事業尤其認真，奮鬥拚搏的精神與東山再起的志氣，雖然值得學習，但最可貴的是他在忙於事業之際，還能付出那麼多的時間和精神在雲林鄉親身上。

為了達成創立中華民國雲林同鄉總會的目的，那時年輕的我也跟著譚會長四處奔走，一路走來，譚會長給我的感覺是，他經營同鄉會的事務比自己的事業更重要！譬如說，我們鄉親的婚喪喜慶，他從來都是全力的參與，將大家凝聚得很好，現場常宛如雲林鄉親的大聚會。譚會長對雲林鄉親付出很多很多，但毫無私心，沒有要求過任何回報，這也是讓我們這些朋友願意長期支持他的原因之一。

譚會長做事情很阿莎力、有氣魄，且非常重感情，就像雲林人所說的有情有義，而這個有情有義是放在心裡，不是掛在嘴邊，所以做事情都會全心付出、卯足全力去做，在這方面，他是很好的榜樣。一個人如此認真付出，雖然本身沒有求任何回報，可是最後老天爺應該會給予很好的回報；我發覺這幾年，譚會長的事業愈做愈順遂，子女也都很認真、優秀成材，這就是老天爺給他的回報；而現年虛歲七十三歲的他，仍舊衝勁十足，這點也可以說是福報，老天爺給他那麼多任務，同時也給他這麼好的身體、這麼多的衝勁、這麼多的體力，好像都有用不完的能量，持續為雲林地方熱情服務。

說起來，在雲林同鄉會的成員中，擁有四十年交情的我們，算是淵緣最久的，就像親兄弟一樣。這當中我跟隨譚總會長學習很多，更常被他大公無私的服務精神所感動，現在他要出版自傳，我舉雙手贊成，並祝福且相信這本書能夠成功大賣，因為大家可以從書中了解一位成功企業家、社會領導人，是如何辛苦走過來，必定會因閱讀這本書而感動，如果能夠進一步追求、效法譚會長創業的態度，以及對社會服務的精神，並讓這種態度和精神延續下去，絕對是給下一代最好的禮物。

現代人少有的熱心貢獻

廖宗盛博士（台灣自來水公司前董事長）

我個人認為，譚會長最讓人家佩服的就是——他不僅以刻苦勤勞的精神，創造出一番事業，並且懂得回饋社會和鄉里，成立了雲林鄉親同心會、中華民國雲林同鄉總會，還有雲林同鄉文教基金會等等社團；一個人要創立這麼多個社團已經很不簡單了，譚會長對會務更是盡心盡力，親力親為，常是全省走透透，花金錢、花時間又耗體力，這樣熱心付出的精神和毅力，非常不容易，在現代人來說，真的是打著燈籠都找不到啦！

有感於譚會長的熱心付出，我以行動支持他，一直擔任雲林同鄉文教基金會的董事，共同幫助家貧但有心向學的雲林子弟，尤其他最近推動「冠名獎學金」，他不只對幫助清寒學生，更積極鼓勵菁英，獎勵一些成績卓越或具技能專長的優秀學生，有別於其他單位只單純頒給清寒學子，他讓獎學金的頒發，更具意義和成效。

「冠名獎學金」的頒發對象高達兩百多個孩子，需要許多善心人士鼎力相助，譚會長登高一呼且以身作則，許多雲林鄉親紛紛慷慨解囊；我知道當譚會長一旦決定推廣新會務，必是經過縝密的構思和長遠的打算，所以自己也認養了兩個，並且一次繳清三年的費用，如此獎學金的運用模式，讓學子們真正能夠毫無後顧之憂，潛心向學。

另外，譚會長在照顧鄉親方面也是不遺餘力的，全省雲林鄉親婚喪喜慶的場合，經常看到他的身影，很多人通常是禮到人不到，但他常是禮到人又到，在這個年代能夠願意花時間這樣南北奔波，相當不容易，所以他全省有很多知心好友，甚至在對岸也有許多真情交流的朋友；所以每次他號召出團旅遊，眾人總是爭相報名，因為跟著譚會長出遊，絕對會受到接待方最熱情的款待。

最後，祝福立足台灣、放眼大陸、胸懷世界的譚會長，事業能夠鴻圖大展，繼續為他的公益事業發光、發亮。

望塵莫及的服務精神

丁文祺（中華民國廣播節目協會理事長、台北縣雲林同鄉會第八屆理事長）

譚量吉理事長的熱心，是大家所公認的，特別是他創立了中華民國雲林同鄉總會、雲林鄉親同心會，以及雲林同鄉文教基金會，這些社團對於雲林鄉親情感的凝聚和團結的力量，實在是貢獻卓越，無形中更提升了雲林人的形象，同時提攜不少雲林子弟與後進。

我和譚理事長算是認識得很早，他對我亦有提攜之情，大約民國七十六年，因為譚理事長的推薦，甫參加台北縣雲林同鄉會不久的我，方能順利當選第八屆理事長。我倆私交甚篤，譚理事長曾經參選過台北縣議員，還不嫌棄地請我當他的競選總幹事，但輔選結果不理想，原本呼聲甚高的他並未當選，雖然競選失利，但服務的精神和熱情持續不變。

值得一提的是，譚理事長一度事業不是很順利，一般人在事業不順利時，都會灰心喪志，甚至一蹶不振，但他卻仍然意志堅強地繼續打拚，並且從未改變熱心公益的態度，積極跑遍全台灣，籌備雲林同鄉會總會的成立，而且各縣市雲林鄉親的婚喪喜慶場合，他不但禮到，更幾乎每場必到，甚至還會主動幫忙處理，這樣熱心付出的精神，實在難能可貴，也讓人望塵莫及，十分值得敬佩。

譚理事長為鄉親服務的熱心付出，得到國家的肯定，榮聘為國策顧問，更擴大服務範圍，崇高的名聲，如今的他，不但事業有成，也擁有尊榮的社會地位，我衷心祝福他身體健康，因為有健康的長期配合，他就可以永遠替鄉親服務，嘉惠更多人。

附錄二

生平重要大事記

時間	大事記
民國前六年（西元一九〇六年）	•父親譚海先生出生於廣東省新會區司前鎮河村鄉西園坊。
民國八年（西元一九一九年）	•父親十四歲渡海來台，落腳台南。
民國十七年（西元一九二八年）	•父親二十三歲入贅於林家，落腳雲林麥寮。
民國三十三年（西元一九四四年）	•三月，於嘉義市竹圍仔出生。

時間	大事記
民國三十五年（西元一九四六年）	・二歲時，父親譚海先生因車禍意外過世。
民國三十六年（西元一九四七年）	・三歲時，母親林記女士因病過世。
民國三十九年（西元一九五〇年）	・六歲，進入麥寮國民小學就讀。
民國四十八年（西元一九五九年）	・遭逢「八七水災」住家災情慘重，首任麥寮鄉鄉長張有傳先生及時伸出援手，拔擢長兄譚玉輝進入鄉公所服務。
民國四十九年（西元一九六〇年）	・十六歲，到嘉義市新東陽機器廠當車床學徒一年。
民國五十年（西元一九六一年）	・十七歲，轉至台南市永義機械廠當學徒，拜師學藝三年四個月。 ・到台南高工半工半讀，進修「機械製圖科專修班」。
民國五十三年（西元一九六四年）	・由台南北上，到台北縣三重市信國工業公司擔任車床半技工六個月。 ・收到兵役徵召令，入伍服役兩年（兵種：陸軍 四二砲連）。

民國五十五年（西元一九六六年）	・陸軍常備兵兩年，退伍時受陸軍部隊輔導長刁光磊贈予「青年楷模」錦旗。
民國五十六年（西元一九六七年）	・重返三重市信國工業公司擔任技工，勤奮打拚升遷車床組長。 ・期間提升各項文學知識，曾到三重市正義北路文泉補習班補習會計和英文、救國團學習中心上口才訓練班，先後於格致中學、東海中學半工半讀。
民國五十九年（西元一九七〇年）	・二十六歲，與許秀宜女士結婚，在雲林縣麥寮家鄉舉辦風光婚禮；一週後即返回三重，居住在仁壽街。
民國六十年（西元一九七一年）	・二十七歲，自行創業，集資於三重三和路一四五巷成立「富隆實業有限公司」，生產專利自動打氣筒，但市場反應不佳，慘澹經營，公司結束解散。而後，獨資創業創設量泰工業社／量泰機械廠（三重市三和路一五五巷）。 ・長女夙惠出生。
民國六十一年（西元一九七二年）	・量泰機械廠擴展營業增設量泰企業有限公司。 ・成立量泰機械有限公司。 ・外婆仙逝，享年九十六歲。

時間	大事記
民國六十三年（西元一九七四年）	・長子博元出生。
民國六十五年（西元一九七六年）	・置產購屋兩棟——台北縣三重市分子尾（現：碧華街），一樓為廠房、二樓為公司。 ・參加三重市國際青年商會。
民國六十六年（西元一九七七年）	・量泰企業有限公司獲得經濟部工業局、國貿局、商品檢驗局等獎勵與輔導，以及金屬工業發展中心、台灣手工具同業工會支持，業務迅速成長，客戶遍佈全球各國，美、歐、澳、亞洲，以及比利時、瑞典、義大利、德國、法國、香港等地，豎立量泰公司「ＬＴ」金字商標信譽。
民國六十七年（西元一九七八年）	・量泰機械廠於台北縣樹林鎮擴建設廠。
民國六十八年（西元一九七九年）	・成立毓興實業有限公司。 ・次女夙婷出生。

民國六十九年（西元一九八〇年）	• 與英國羅伊・路易斯（ROYH LEWIS）在台北國賓飯店簽約專利千斤頂，中英技術合作，各大媒體爭相採訪，國內政要長官到場觀禮祝賀。 • 時年三十七歲，榮獲中華民國第七屆十大傑出企業家、榮獲中華民國七屆十大公司、全國首屆十大幫浦工業公司獎。帶錶型腳踏幫浦、不帶錶型腳踏幫浦、雙管帶錶型腳踏幫浦（均為鐵質）等三種高級優良產品，榮獲中華民國第二屆中外產品金牌獎。
民國七十年（西元一九八一年）	• 英國引薦四輪式千斤頂（IRO-ILEY JACK）與量泰公司技術合作外銷，產品蜚聲海內、外。 • 當選三重市國際青商會會長（任期：民國七十年八月~七十一年八月）。
民國七十一年（西元一九八二年）	• 美國讀者文摘紐約總部對量泰的產品抱持高度肯定，派香港遠東區代表來台接洽合作事宜，並且邀約至美國紐約的總部參觀。 • 擔任三重市國際青商會會長，任內積極推動會務，舉辦多項大型活動，與雲林國際青年商會結盟為兄弟會、韓國釜山港都青年商會締結姊妹會，建立國際外交，達成青商會的宗旨（民國七十一年八月卸任）。 • 獲台北縣雲林同鄉會第二~四屆陳照郎理事長提拔，當選擔任第五屆理事長。

時間	大事記
民國七十二年（西元一九八三年）	•在台北縣樹林鎮承租一二〇〇坪地，增設量泰第二廠（樹林廠），專營工具箱產銷量大，員工增至二百餘人。
民國七十三年（西元一九八四年）	•量泰公司因美國訂單轉移韓國（台灣同業亦受到衝擊），生意慘澹，又逢「六三水災」機具、產品等設備淹沒重創，加上大環境的整體影響，事業遭受重創。 •十二月，連任第六屆台北縣雲林同鄉會理事長。
民國七十五年（西元一九八六年）	•十一月成立台灣區雲林同鄉會各縣市聯誼會並擔任會長。 •辦理韋恩颱風義演、義賣及捐款賑災「送愛心到雲林」活動募款一百廿萬元。
民國七十六年（西元一九八七年）	•雲林同鄉會各縣市聯誼會組團（約二、〇〇〇人）返鄉辦理委員大會並參觀雲林家鄉各項發展建設，了解與關心照顧鄉親需要。
民國七十七年（西元一九八八年）	•雲林同鄉會各縣市聯誼會辦理雲林縣廿鄉鎮市巡迴義診，期間：三月十九日至十二月廿五日，長達十個月的愛心義診活動。 •參加文化大學韓國瑜教授帶領之企業家參訪團，前往大陸廈門和海南島訪察台商企業交流，選擇根留台灣、持續服務鄉親。

民國七十八年（西元一九八九年）	‧雲林同鄉會各縣市聯誼會配合各縣市雲林同鄉會會務活動，互相交流聯誼，促進組織功能。
民國七十九年（西元一九九〇年）	‧參與各縣市雲林同鄉會會員大會以及理監事會，促進各會交流，強化鄉親凝聚團結力量。
民國八十年（西元一九九一年）	‧設立頎元企業有限公司。 ‧為發揚民間傳統戲劇，布袋戲大師黃海岱老先生和其公子黃俊雄先生，以及聯合報，爭取到文建會經費支持，在台灣區雲林同鄉會各縣市聯誼會的協助下，共同舉辦「布袋戲全省巡迴義演」廿五場次，提供鄉親正當休閒活動，參觀民眾人山人海，頗受各界好評。
民國八十一年（西元一九九二年）	‧創立量盛企業有限公司。 ‧雲林同鄉會各縣市聯誼會為響應復興中華文化，提倡正當娛樂，發掘歌唱人才，舉辦「第一屆雲林盃歌唱大賽」，初賽由各地區雲林同鄉會甄選後再向總會報名參加總決賽；八月九日在雲林縣政府文化中心舉行總決賽，場面熱烈，約三千人數鄉親民眾觀摩。現在多有雲林同鄉新生代在歌壇揚眉吐氣，嶄露頭角，為故鄉爭光。

時間	大事記
民國八十二年（西元一九九三年）	‧雲林同鄉會各縣市聯誼會十月份在台東召開第十屆全國委員會議，與會各縣市雲林同鄉會理事長暨全國委員一致決議，組團拜會省政府、省議會，表達效忠國家、熱愛鄉土之情，並藉以介紹組織功能以及對社會貢獻之績效。
民國八十三年（西元一九九四年）	‧雲林同鄉會各縣市聯誼會捐贈雲林縣政府五十萬元體育經費，培育體育人才；廖泉裕縣長頒發「敦睦鄉誼」獎牌。 ‧雲林同鄉會各縣市聯誼會配合各縣市雲林同鄉會，舉辦各縣市理事長、理監事、台灣區委員會、鄉親參加文化建設，促進會務交流聯誼。
民國八十四年（西元一九九五年）	‧雲林同鄉會各縣市聯誼會十月份舉辦各縣市理事長、理監事、台灣區委員會、鄉親「大陸自強活動之旅」，參觀大陸工商建設，促進各會聯誼和會務交流。
民國八十五年（西元一九九六年）	‧擬籌辦成立台北縣金緣全家福聯誼會。

民國八十六年（西元一九九七年）	・宋楚瑜省長聘為省府顧問二年。 ・金緣全家福聯誼會於八十六年十二月七日正式成立，擔任創會會長。
民國八十七年（西元一九九八年）	・八月一日創會成立「雲林旅北鄉親同心會」擔任創會會長。
民國八十八年（西元一九九九年）	・趙守博省主席聘任省府顧問二年。 ・五月成立台灣省雲林同鄉會，當選擔任首屆理事長。 ・「九二一地震」災情慘重，發起「送愛心回雲林」活動，捐贈二百六十萬元及生活必需物品。
民國八十九年（西元二〇〇〇年）	・雲林縣縣長張榮味聘任雲林縣政府縣政顧問。 ・設立淵元企業有限公司。
民國九十年（西元二〇〇一年）	・國民黨主席連戰聘任第十六屆中央委員會黨務顧問。 ・設立量盛電訊興業有限公司。 ・長兄譚玉輝因病逝世，享年七十歲。

時間	大事記
民國九十一年（西元二〇〇二年）	・十一月成立財團法人雲林同鄉文教基金會，擔任董事長。
民國九十二年（西元二〇〇三年）	・榮獲中國國民黨華夏獎章。
民國九十三年（西元二〇〇四年）	・雲林同鄉文教基金會辦理雲之鄉第一屆全國「雲林金篆獎」書法比賽暨雲林農漁特產展示會。
民國九十四年（西元二〇〇五年）	・雲林同鄉文教基金會辦理雲之鄉第二屆全國「雲林金篆獎」書法比賽暨雲林農漁特產展售會。 ・榮獲中國國民黨實踐獎章。 ・量盛企業有限公司參與內政部營建署推動M計畫的執行。 ・創立奐泰營造工程有限公司。
民國九十五年（西元二〇〇六年）	・雲林縣長蘇治芬聘任為雲林縣政府縣政顧問。

民國九十六年（西元二〇〇七年）	・擔任中國國民黨中央評議委員。 ・成立宸茂營造有限公司（甲級營造）。
民國九十七年（西元二〇〇八年）	・雲林同鄉文教基金會辦理第一屆「勤樸獎」全國雲林籍百萬清寒績優子女獎學金。 ・榮獲中國國民黨實踐獎章、中國國民黨華夏二等獎章。 ・台灣省雲林同鄉會更名「中華民國雲林同鄉總會」。
民國九十八年（西元二〇〇九年）	・雲林同鄉文教基金會辦理第三屆全國「雲林金篆獎」書法比賽，並同步籌辦「詩歌／音樂／舞蹈／武術等多元藝文展演暨雲林農漁特產文化行銷展」系列活動。
民國九十九年（西元二〇一〇年）	・雲林同鄉文教基金會辦理第二屆「勤樸獎」全國雲林籍百萬清寒績優子女獎學金。 ・世界譚氏宗親總會在馬來西亞舉辦慶典大會，榮獲「光宗耀祖」榮譽獎章。

時間	大事記
民國一〇〇年（西元二〇一一年）	‧元月一日榮獲聘任總統府第十二任國策顧問（馬英九總統）。 ‧四月十七日於雲林縣麥寮高中舉辦「雲鄉社福關懷座談會」，馬英九總統下鄉雲林縣基層訪視，傾聽民意、關懷雲林鄉親。 ‧馬英九競選第十三任總統，擔任中華民國雲林同鄉後援總會執行總會長。 ‧獲新北市朱立倫市長聘任新北市市政顧問四年。 ‧雲林同鄉文教基金會辦理「二〇一一第四屆全國雲林金篆獎書法比賽暨藝術、產業文化觀光行銷嘉年華會」系列活動。
民國一〇一年（西元二〇一二年）	‧獲中國國民黨華夏二等獎章。
民國一〇二年（西元二〇一三年）	‧雲林同鄉文教基金會辦理第三屆「勤樸獎」全國雲林籍百萬清寒績優子女獎學金。 ‧獲聘為中國國民黨第十九屆中央評議委員。

民國一〇三年（西元二〇一四年）

・雲林同鄉文教基金會辦理二〇一四第一屆雲之鄉冠名獎學金，募集七百五十六萬元，認養獎助二百五十二名莘莘學子，分三年期，一年一萬元。

・榮獲世界譚氏宗親總會「世界譚氏傑出人士榮譽獎章」。

民國一〇四年（西元二〇一五年）

・雲林同鄉文教基金會辦理第四屆「勤樸獎」全國雲林籍百萬清寒績優子女獎學金。

・再度榮獲新北市朱立倫市長聘任新北市市政顧問四年。

・朱立倫競選第十四任總統，擔任全國社團後援總會總召集人。

民國一〇五年（西元二〇一六年）

・五月十九日國策顧問任期屆滿。

・六月三十日擔任總統府第十二、十三任國策顧問聯誼會創會祕書長。

・台灣新願景論壇會顧問（理事長為前副總統吳敦義）。

聘書暨榮耀獎章

總統聘書

(101)華總人特聘字第097號

茲依總統府組織法第十五條規定

特聘

譚量吉先生為總統府國策顧問。

聘期：自中華民國101年8月22日起至102年12月31日止。

總統 馬英九

中華民國 … 月 22 日

總統聘書

(100)華總人特聘字第095號

茲依總統府組織法第十五條規定

特聘

譚量吉先生為總統府國策顧問。

聘期：自中華民國100年1月1日起至101年5月19日止。

總統 馬英九

中華民國 … 月 1 日

總統聘書

(104)華總人特聘字第080號

茲依總統府組織法第十五條規定

特聘

譚量吉先生為總統府國策顧問。

聘期：自中華民國104年3月1日起至105年5月19日止。

總統 馬英九

中華民國 … 月 1 日

總統聘書

(103)華總人特聘字第81號

茲依總統府組織法第十五條規定

特聘

譚量吉先生為總統府國策顧問。

聘期：自中華民國103年1月1日起至103年12月31日止。

總統 馬英九

中華民國 … 月 1 日

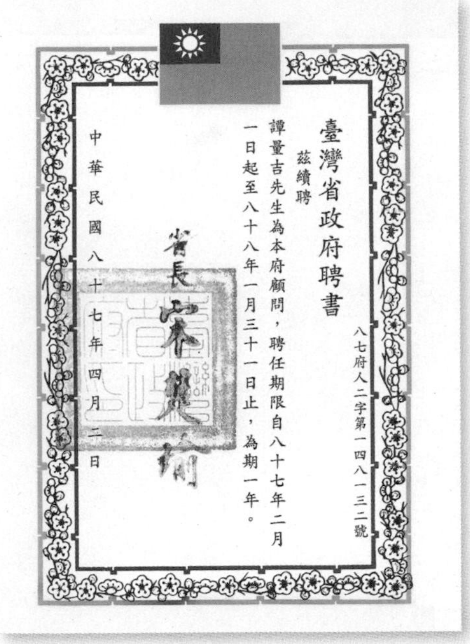
八七府人二字第一四八一三二號

臺灣省政府聘書

茲續聘

譚量吉先生為本府顧問，聘任期限自八十七年二月一日起至八十八年一月三十一日止，為期一年。

省長

中華民國八十七年四月二日

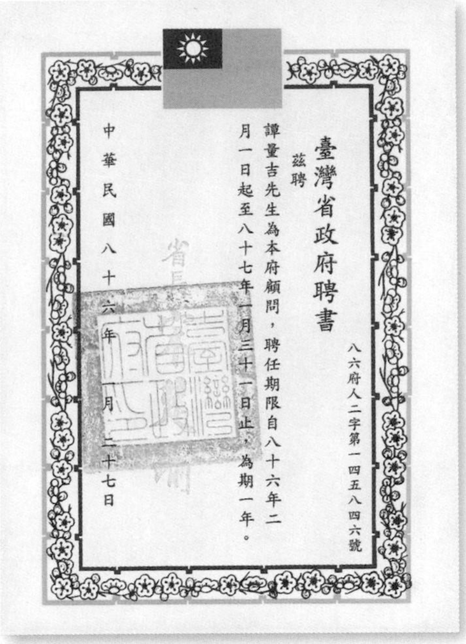
八六府人二字第一四五八四六號

臺灣省政府聘書

茲聘

譚量吉先生為本府顧問，聘任期限自八十六年二月一日起至八十七年一月三十一日止，為期一年。

省長

中華民國八十六年一月二十七日

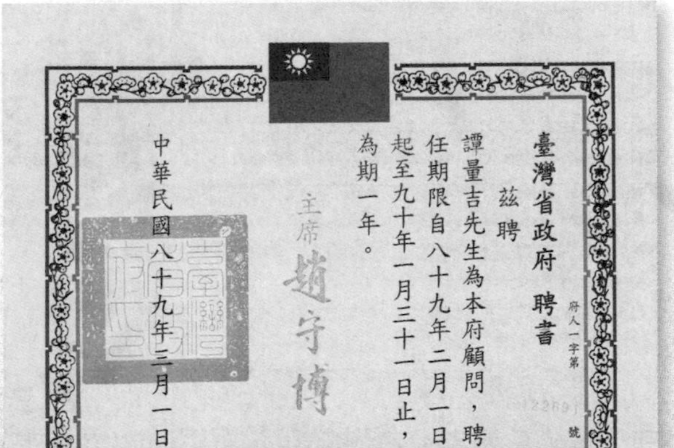
府人一字第12269號

臺灣省政府 聘書

茲聘

譚量吉先生為本府顧問，聘任期限自八十九年二月一日起至九十年一月三十一日止，為期一年。

主席 趙守博

中華民國八十九年二月一日

八八府人二字第一四五六三四號

臺灣省政府聘書

茲續聘

譚量吉先生為本府顧問，聘任期限自八十西年二月一日起至八十九年一月三十一日止，為期一年。

主席 趙守博

中華民國八十八年二月十一日

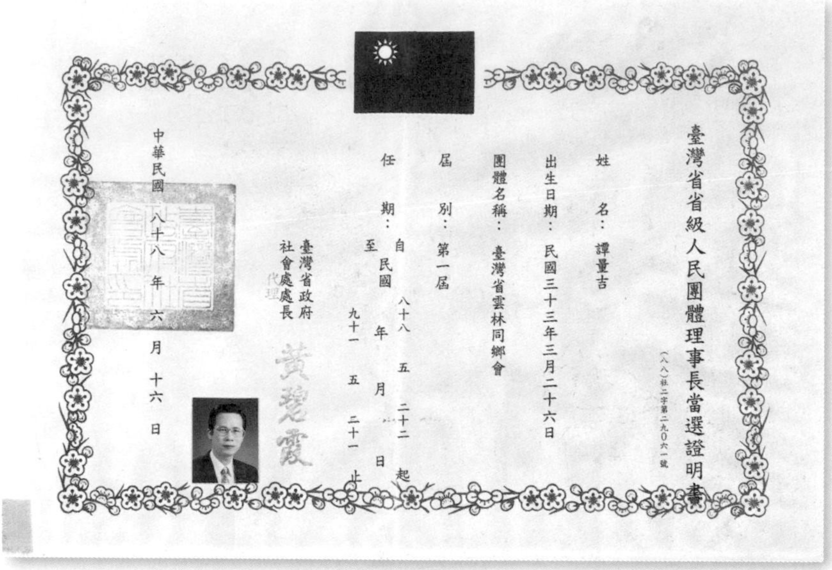

臺灣省省級人民團體理事長當選證明書

（八八）社二字第二九〇六一號

姓　　名：譚量吉

出生日期：民國三十三年三月二十六日

團體名稱：臺灣省雲林同鄉會

屆　　別：第一屆

任　　期：自民國八十八年五月二十二日起

至九十一年五月二十一日止

臺灣省政府
社會處處長代理 黃碧霞

中華民國八十八年六月十六日

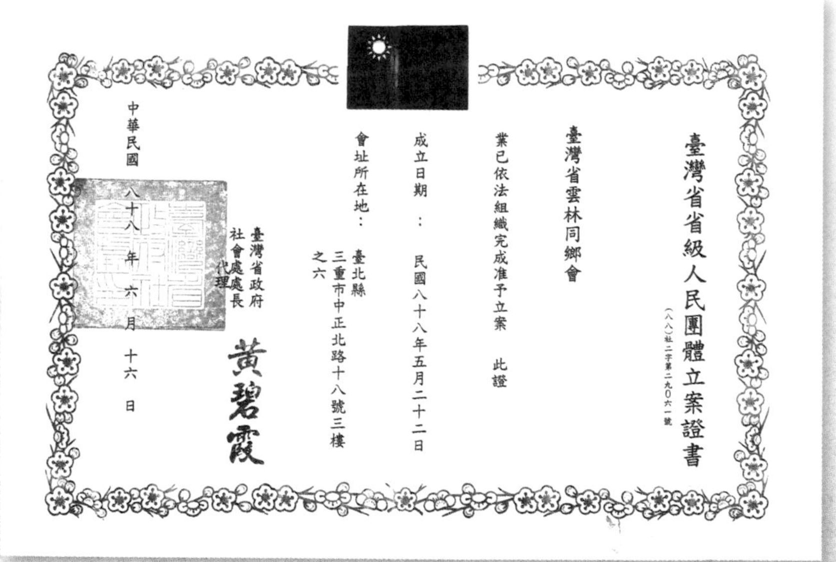

臺灣省省級人民團體立案證書

（八八）社二字第二九〇六一號

臺灣省雲林同鄉會

業已依法組織完成准予立案　此證

成立日期：民國八十八年五月二十二日

會址所在地：臺北縣三重市中正北路十八號三樓之六

臺灣省政府
社會處處長代理 黃碧霞

中華民國八十八年六月十六日

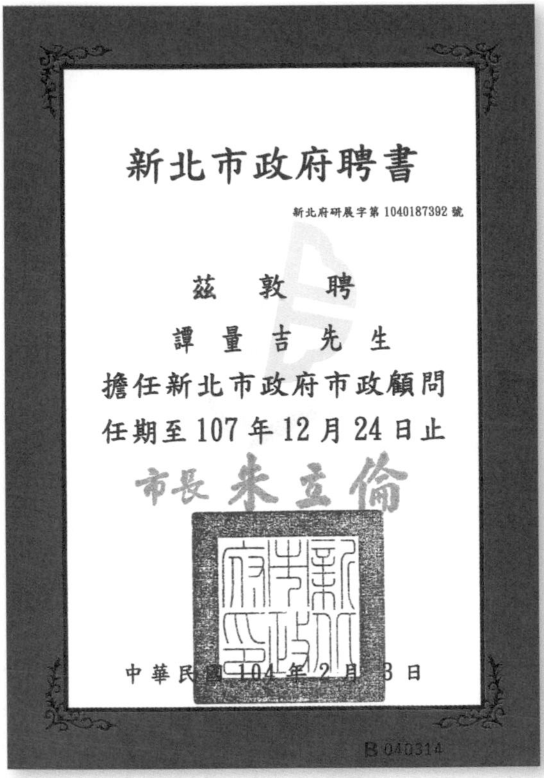

新北市政府聘書

新北府研展字第1040187392號

茲　敦　聘

譚　量　吉　先　生

擔任新北市政府市政顧問

任期至107年12月24日止

市長　朱立倫

中華民國104年2月3日

B 040314

新北市政府聘書

北府研展字第1000141925號

茲　敦　聘

譚　量　吉　先　生

擔任新北市政府市政顧問

任期至103年12月24日止

市長　朱立倫

中華民國100年2月15日

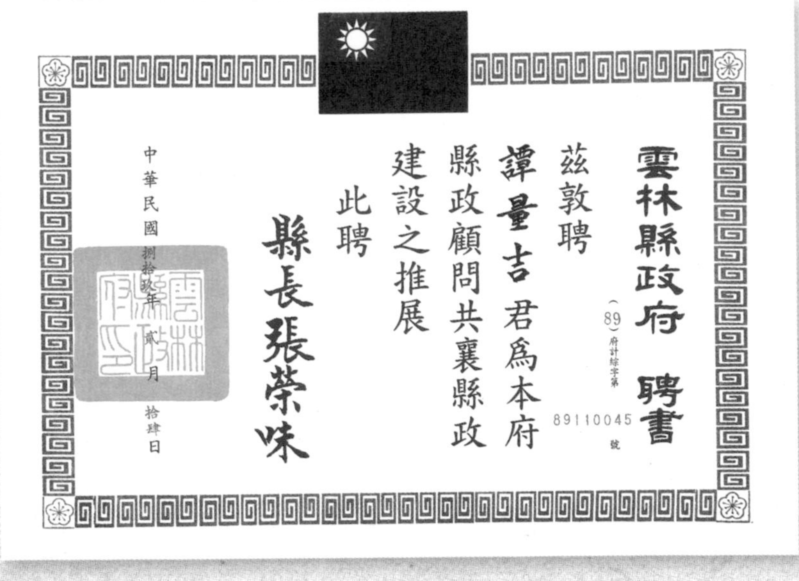

雲林縣政府　聘書

（89）府計綜字第89110045號

茲敦聘

譚量吉君爲本府

縣政顧問共襄縣政

建設之推展

此聘

縣長張榮味

中華民國捌拾玖年貳月拾肆日

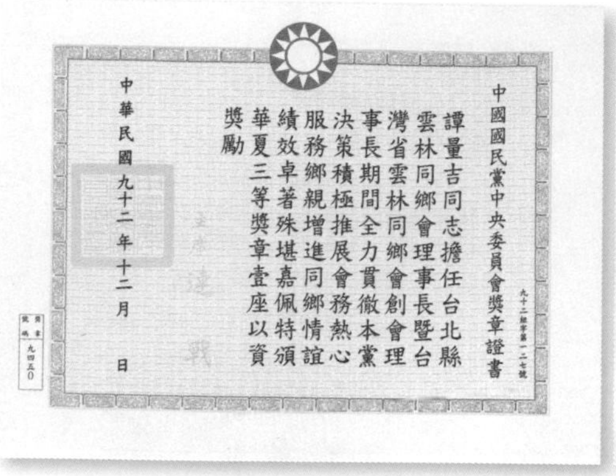

中國國民黨中央委員會獎章證書

九十二組字第一二七號

譚量吉同志擔任台北縣雲林同鄉會理事長暨台灣省雲林同鄉會創會理事長期間全力貫徹本黨決策積極推展會務熱心服務鄉親增進同鄉情誼績效卓著殊堪嘉佩特頒華夏三等獎章壹座以資獎勵

中華民國九十二年十二月　日

獎章號碼 九四五0

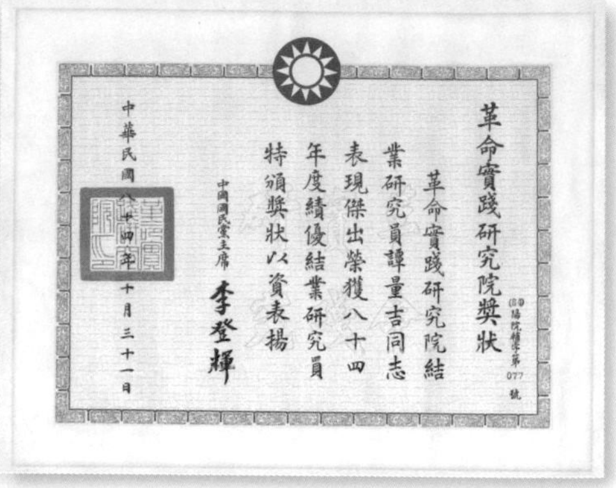

革命實踐研究院獎狀

(84)陽院頒字第077號

革命實踐研究院結業研究員譚量吉同志表現傑出榮獲八十四年度績優結業研究員特頒獎狀以資表揚

中國國民黨主席 李登輝

中華民國八十四年十月三十一日

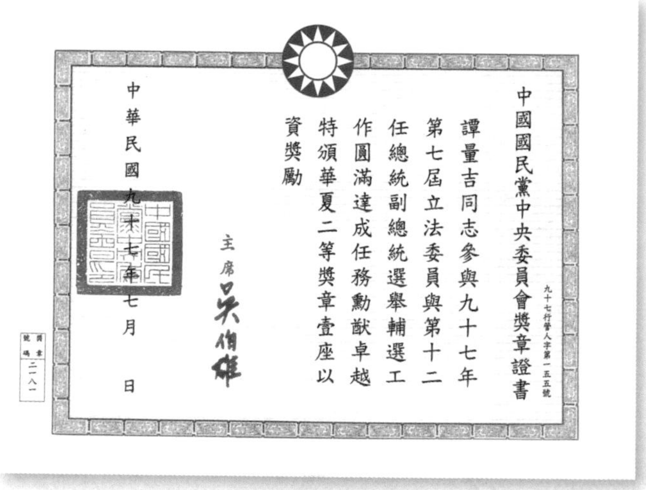

中國國民黨中央委員會獎章證書

九十七行管人字第一五五號

譚量吉同志參與九十七年第七屆立法委員與第十二任總統副總統選舉輔選工作圓滿達成任務勳猷卓越特頒華夏二等獎章壹座以資獎勵

主席 吳伯雄

中華民國九十七年七月　日

獎章號碼 二一八一

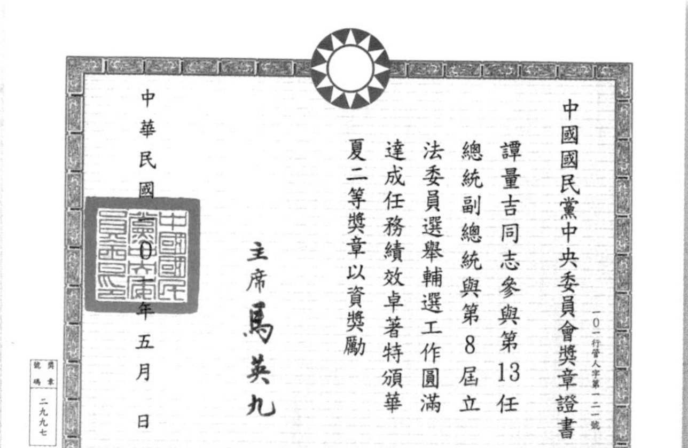

中國國民黨中央委員會獎章證書

一０一行管人字第一二一號

譚量吉同志參與第13任總統副總統與第8屆立法委員選舉輔選工作圓滿達成任務績效卓著特頒華夏二等獎章以資獎勵

主席 馬英九

中華民國一０一年五月　日

獎章號碼 二九九七

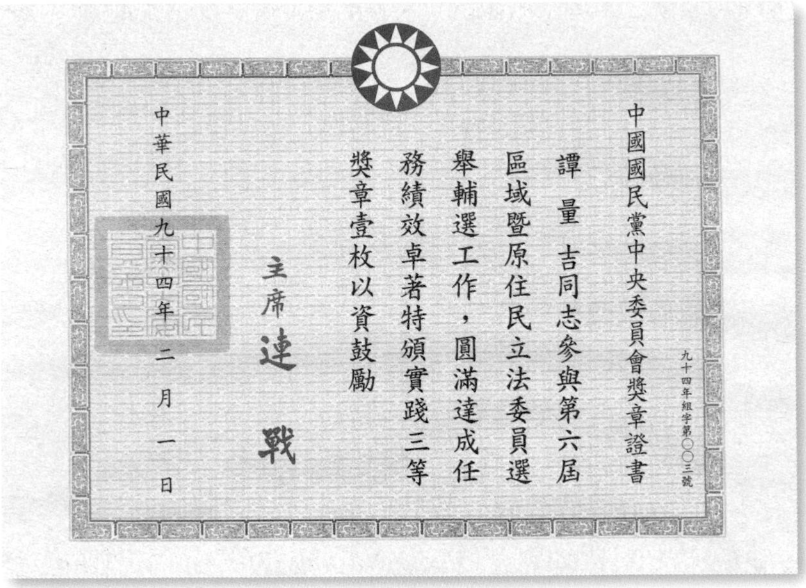

九十四年組字第〇〇三號

中國國民黨中央委員會獎章證書

譚量吉同志參與第六屆
區域暨原住民立法委員選
舉輔選工作，圓滿達成任
務績效卓著特頒實踐三等
獎章壹枚以資鼓勵

主席 連戰

中華民國九十四年二月一日

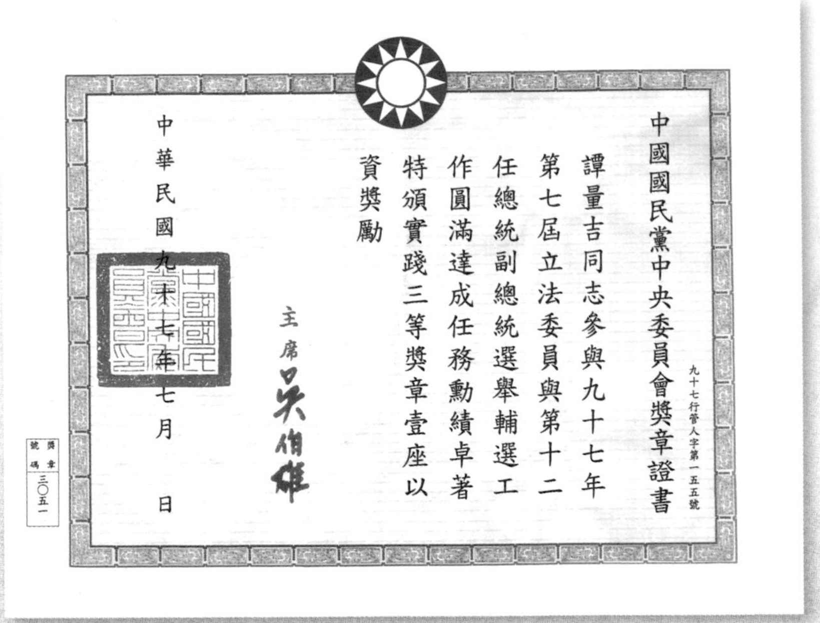

九十七行管人字第一五五號

中國國民黨中央委員會獎章證書

譚量吉同志參與九十七年
第七屆立法委員與第十二
任總統副總統選舉輔選工
作圓滿達成任務勳績卓著
特頒實踐三等獎章壹座以
資獎勵

主席 吳伯雄

中華民國九十七年七月 日

獎章號碼 三〇五一

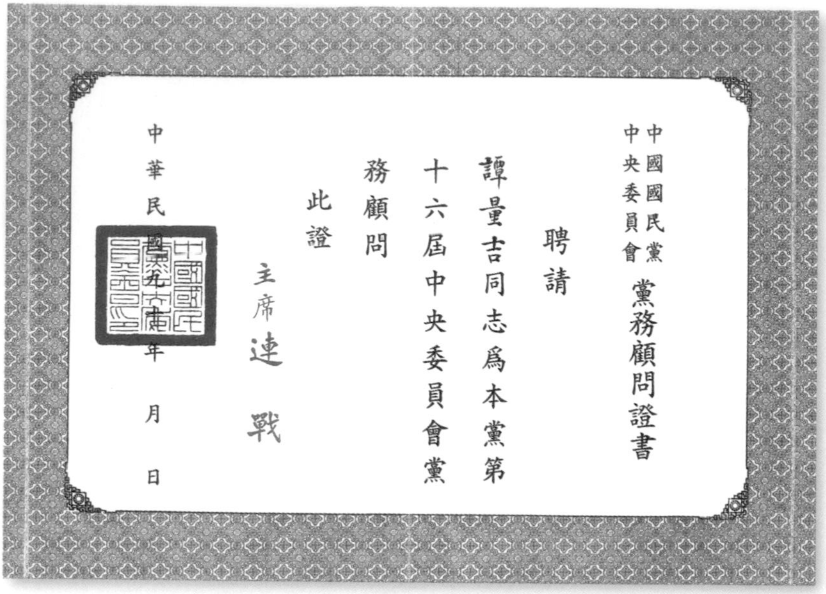

中國國民黨中央委員會　黨務顧問證書

聘請

譚量吉同志爲本黨第十六屆中央委員會黨務顧問

此證

主席　連戰

中華民國九[illegible]年　月　日

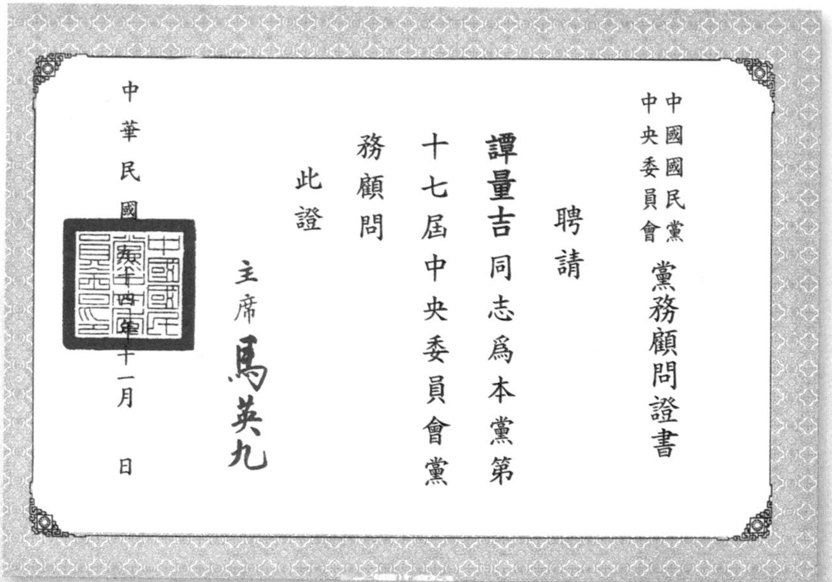

中國國民黨中央委員會　黨務顧問證書

聘請

譚量吉同志爲本黨第十七屆中央委員會黨務顧問

此證

主席　馬英九

中華民國九十四年十一月　日

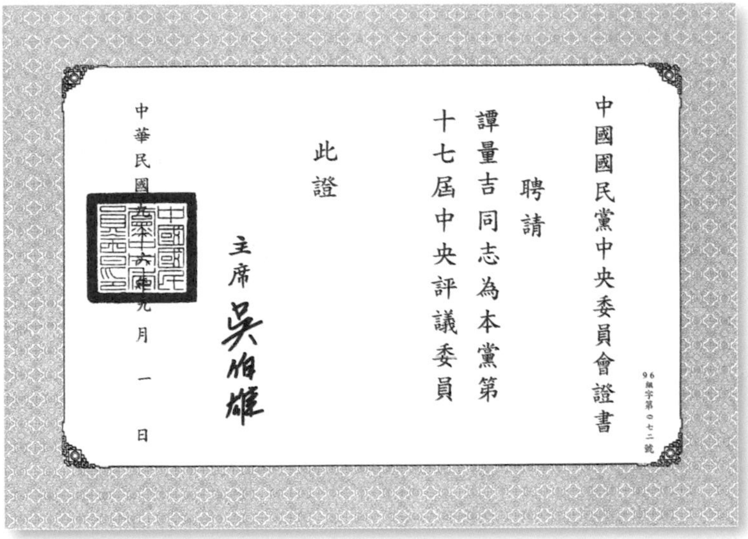

96組字第〇七二號

中國國民黨中央委員會證書

聘請

譚量吉同志為本黨第十七屆中央評議委員

此證

主席 吳伯雄

中華民國九十六年九月一日

102組字第046號

中國國民黨中央委員會

聘書

謹聘譚量吉同志為本黨第十九屆中央評議委員

主席 馬英九

中華民國102年11月10日

國家圖書館出版品預行編目資料

雲林囝仔奮鬥記：國策顧問譚量吉感恩的人生 / 譚量吉著.
-- 初版. -- 台北市：商訊文化, 2016.09
面；　　公分. --（名人傳記系列；YS01515）

ISBN　978-986-5812-53-9（平裝）

1. 譚量吉　2. 台灣傳記

783.3886　　105015029

商訊文化
名人傳記系列 | YS01515

雲林囝仔奮鬥記 國策顧問 譚量吉 感恩的人生

作　　者／譚量吉
出版總監／張慧玲
編製統籌／吳錦珠、翁雅蓁
責任主編／翁雅蓁
編輯顧問／林秋山、林聰明、黃炎東
編　　輯／譚至哲
文字修潤／蔡緊雄、徐美玉、譚量吉國策顧問辦公室服務團隊
封面設計／黃祉菱
內頁設計／王麗鈴
校　　對／唐正陽

出 版 者／淵元企業有限公司
地　　址／新北市三重區中正北路 18 號 3 樓之 6
電　　話／ 02-2981-8833
傳　　真／ 02-2984-8833
E-mail ／ LS8833@hibox.hinet.ne

發 行 者／商訊文化事業股份有限公司
董 事 長／李玉生
總 經 理／李振華
行銷總監／羅正業
地　　址／台北市萬華區艋舺大道 303 號 5 樓
發行專線／ 02-2308-7111#5607
傳　　真／ 02-2308-4608

總 經 銷／時報文化出版企業股份有限公司
地　　址／桃園縣龜山鄉萬壽路二段 351 號
電　　話／ 02-2306-6842
讀者服務專線／ 0800-231-705
時報悅讀網／ http://www.readingtimes.com.tw
印　　刷／宗祐印刷有限公司

出版日期／ 2016 年 9 月　初版一刷
定價：350 元